BUENO
Y
BARATO

ALIMÉNTATE BIEN A 4$ AL DÍA.

BUENO
Y
BARATO

LEANNE BROWN

WORKMAN PUBLISHING • NUEVA YORK

ÍNDICE

Para muchos 126

La Despensa 142

Bebidas y postres 168

INTRODUCCIÓN

Comer es uno de los más grandes placeres de la vida. En un mundo perfecto, estaríamos rodeados de alimentos ricos y saludables. Sería fácil escoger entre ellos y disfrutar sus sabores.

Pero, por supuesto, el mundo no es perfecto. Existen miles de barreras que no nos dejan comer de forma tal que podamos alimentar el cuerpo y satisfacer nuestros gustos. El dinero no tiene por qué ser una de esas barreras.

La destreza culinaria, no el presupuesto, es la clave de las comidas estupendas. Este libro de recetas rinde tributo a muchas deliciosas comidas de que pueden disponer hasta los que tengan los más estrictos presupuestos.

No es fácil comer con un presupuesto limitado, y a veces hay semanas difíciles que hacen que preparar la comida sea una lata. Como una señora me dijo, "Me cansa el jueguito del ¿qué hay para cenar?' ". Espero que las recetas y las técnicas de este libro sirvan para que esos momentos rara vez ocurran y que las decisiones difíciles sean un poco más soportables.

Cabe decir así mismo, que este libro no es un plan de comidas—son de naturaleza demasiado individual para compartirlos a grande escala. Toda persona y toda familia tienen sus propias necesidades específicas y sus gustos particulares. Vivimos en regiones y vecindarios diferentes y con medios económicos que varían. Un libro no puede dar cuenta de todo eso, pero espero que sirva de chispa de inspiración, de estrategia general, y que contenga un conjunto flexible de recetas baratas y accesibles. El resto depende de ti.

Creo que encontrarás (o quizás ya sabes) que aprender a cocinar tiene un poderoso efecto positivo. **Si mejoras tus destrezas y adquieres mayor consciencia como cocinero, serás capaz de conjurar exquisiteces en toda cocina, en todo momento.** La buena cocina no resolverá sola el hambre en los Estados Unidos, pero aportará más felicidad a la vida— y por eso vale la pena el esfuerzo.

Las buenas recetas, al igual que las buenas comidas, son mejores al compartirlas. Quizás no pueda compartir contigo las comidas, pero me encantaría ofrecerte unas pocas ideas. **¿Qué hay para cenar? Esta es mi respuesta.**

Acerca de Este Libro Escribí una versión anterior de este libro para que fuera el proyecto que serviría de toque final a mi maestría en Estudios Alimentarios en la New York University. Después de publicar un PDF gratis en mi sitio Web (leannebrown.com), se regó como pólvora en Reddit, en Tumblr y en otros lugares, acumulando casi 100,000 descargas durante las primeras pocas semanas. Ese respaldo me dio ánimos para lanzar una campaña Kickstarter que pondría ejemplares impresos en las manos de la gente que no tiene computadora, o que no podría ver el PDF si no estuviera en impreso. Miles de personas nos apoyaron generosamente contribuyendo a la campaña y donando más de 9,000 ejemplares gratis del libro impreso y patrocinando veinte recetas nuevas. La primera edición impresa del libro se autopublicó y se agotó en los primeros meses. El PDF fue descargado unas 500,000 veces durante los primeros seis meses de ser publicado por primera vez. La que tienes en las manos es la segunda edición, la cual incluye 30 recetas nuevas. Esa experiencia cambió mi vida. Espero que este libro cambie la tuya.

Mi Filosofía El mejor consejo de salud es simple: Comer frutas y verduras. Hay muchos libros de cocina estadounidenses cuyo ingrediente central es la carne. **Mis recetas les hacen homenaje a las verduras en vez de a las carnes.** Mi intención fue crear comidas sustanciosas que no requieran suplementar los ingredientes con carbohidratos baratos para ahuyentar el hambre. **Me esforcé en idear recetas que utilicen el dinero con cuidado, sin**

necesariamente seguir servilmente sus dictámenes. Por ejemplo, muchas de las recetas llevan mantequilla en vez de aceite. La mantequilla no es barata pero realza lo sabroso, crujiente y sustancioso de las comidas de una manera que el aceite barato jamás podría conseguir.

No soy dietista, ni este libro es de dietas. Soy nada más que cocinera casera, como tú. Si tienes restricciones dietéticas, no todas las recetas te servirán así como están escritas, pero está bien—puedes tratar de adaptarlas a tus necesidades, o simplemente pasar la página y continuar en busca de inspiración.

Más que un libro de recetas, es un libro de ideas. Quiero que adaptes las cosas a tu gusto. ¡La improvisación es el alma de la gran cocina! Ya me perdonarás si no siempre da buen resultado. Lo importante es perdonarte a ti mismo y tratar de nuevo.

NOTA SOBRE LOS $4 AL DÍA

Concebí estas recetas para que se ajusten al presupuesto de las personas que reciben ayuda del Programa Suplementario de Asistencia Nutricional (SNAP, por sus siglas en inglés), el programa federal estadounidense que se llamaba cupones de alimentos. Si recibes dicha ayuda, ya sabes que las fórmulas para los beneficios son complicadas, pero la regla general es que uno termina con $4 por persona para gastar en comida al día.

Este libro no es un reto para que vivas con tan poco—es un recurso por si esa es tu realidad. En mayo de 2014 había 46 millones de estadounidenses que recibían cupones de alimentos. Millones de personas más—en particular jubilados y estudiantes—viven con limitaciones similares.

Si estás fuera de los Estados Unidos, quizás te parezca que este libro no tiene que ver contigo. Aunque varíen los detalles, aprender a cocinar y a comer con alegría comidas frescas y sencillas es algo estupendo para todos, en todo lugar.

Lo que cuesta cada receta se calculó en base a dos fuentes de información. En cuanto a las ideas para ir de compras que te proponemos en la lista de la página xiii, recopilé precios en cuatro tiendas de alimentos de un vecindario de Nueva York de mucha diversidad. Para especias específicas y para una mayor variedad de frutas y verduras, me fijé en tiendas de alimentos en línea o en las medias nacionales recopiladas por el Bureau of Labor Statistics (Oficina de Estadísticas Laborales). Los precios de las frutas y de las verduras se suponen ser más o menos los de temporada, momento en que se consiguen las mejores ofertas. Eso significa, desafortunadamente, que pagarás mucho más si quieres preparar un pastel de durazno en febrero. En las páginas siguientes diré más acerca de las compras de temporada.

Los estimados del costo de las recetas dependen del lugar y del momento. Los costos varían en otras ciudades, otros vecindarios y simplemente hasta en otras tiendas.

Toma esas cifras como guía, no como garantía.

Más que en la mayoría de los libros de cocina, mis recetas son flexibles y estimulan las sustituciones en base a disponibilidad, precios y gustos personales. Los presupuestos estrictos requieren flexibilidad para decir, "Esa oferta esta semana es buena, ¡eso es lo que cocinaré!" No te preocupes, que aprenderás los trucos rápidamente.

Unas cuantas recetas requieren equipo de cocina elaborado, pero en mi trabajo con familias de bajos ingresos en Nueva York encontré que son bastante comunes los aparatos como las licuadoras, los procesadores de alimentos y las batidoras eléctricas. No intenté, sin embargo, abordar la muy real situación de las personas que no tienen cocina, equipo o espacio para la preparación de alimentos. Simplemente no puedo esperar tratar esos problemas de forma justa dentro de los límites de un libro de cocina. Bueno, seguiremos luchando por aquellos que se les hace difícil alimentarse bien.

CONSEJOS PARA ALIMENTARSE BIEN Y HACER BIEN LAS COMPRAS

1 COMPRA ALIMENTOS QUE SE PUEDAN UTILIZAR EN MÚLTIPLES COMIDAS Los ingredientes versátiles te economizan comidas. Si compras harina, podrás preparar Tortillas (página 155), Pan Roti (página 152), Scones (página 15) y Panqueques (páginas 12). Si compras tomates enlatados, podrás preparar Sopa (página 28), Salsa (página 127) y hasta Chili (página 131). ¡Y ni qué decir acerca de la versatilidad del ajo y de los limones! Si los tienes siempre cerca, podrás hacer que todo lo demás sepa fantástico.

2 COMPRA EN GRANDES CANTIDADES Comprar grandes cantidades de un artículo suele reducir el precio por unidad. Cuando manejas un presupuesto ajustado, no siempre podrás permitirte hacer compras para después, pero deberías hacerlas cuando puedas. Y, por supuesto, ten presente el almacenamiento: Si el artículo va a echarse a perder antes de que puedas terminarlo, cómpralo en formato más pequeño. Compra solamente lo que vayas a comer. Si compras los ingredientes versátiles en cantidades ligeramente mayores, podrás utilizarlos rápidamente y, sin embargo, preparar comidas variadas.

3 EMPIEZA A ABASTECER LA DESPENSA De ser posible—y cierto es que puede hacérseles difícil a quienes viven a solas—reserva parte de tu presupuesto para comprar cada semana o mes uno que otro artículo semicaro para la despensa. Los artículos como el aceite de oliva, la salsa de soya y las especias (página 149) son caros al principio, pero te durarán mucho si solo utilizas un poco en cada receta. Con cúrcuma, cilantro, comino y chile en polvo, de repente tendrás todo un mundo de sabores en los estantes. Encontrarás consejos específicos en la página 149.

4 PIENSA EN LA SEMANA Cada semana, varía las cosas comprando diferentes tipos de alimentos básicos como lo son los granos y los frijoles. Esta semana, quizás desayunes Avena (página 9) todos los días y Chili Oscuro y Picante (página 131) después durante el día, pero la semana próxima yogur para el desayuno (página xi) y Hummus (página 135) o Chana Masala (página 109) para el almuerzo o la cena. Si tienes tiempo para ir de compras a menudo, compra cantidades pequeñas de productos agrícolas cada par de días para asegurarte de que estén frescos. Es mucho más inspirador sacar hojas frescas del refrigerador que despegar una plasta de hojas aguadas del fondo de la gaveta de verduras. Si no puedes ir de compras tan a menudo, considera comprar las verduras que no vayas a utilizar de inmediato, ya sean enlatadas o congeladas.

5 PIENSA EN LA TEMPORADA Las frutas y las verduras por lo general están más baratas, y definitivamente tienen mejor sabor, durante las temporadas en que se cultivan localmente que fuera de temporada. Ya habrás notado que los precios de las naranjas se disparan durante el verano, a pesar de que se consigan sin mucho color e insípidas. Pero hay abundancia de naranjas en diciembre y enero, la temporada alta, y eso se deja ver en los precios.

Al final del verano, las bolsas de calabacitas se consiguen casi regaladas. Las coles de Bruselas también son muy de temporada y se ponen en venta cerca del Día de Acción de Gracias. Aprovecha los productos de verano y de otoño lo más que puedas ya que están escasos durante el invierno. Por otro lado, hervir o asar las verduras de invierno es una buena manera de calentar la casa y las raíces de invierno se almacenan con facilidad. Además, el invierno es un buen momento para buscar ofertas en los artículos enlatados o congelados. Las temporadas de frutas y de verduras varían dependiendo de donde vivas, así que consulta una guía local acerca de las temporadas de cultivo (o la tabla de la página xv) y utilízala para aprovechar las mejores gangas.

6 MÁS VERDURAS = MÁS SABOR ¡Nada le da más gusto a una taza de arroz como la calabaza de verano y el elote (maíz, choclo)! Las verduras sirven para preparar las mejores salsas: Son saludables, brillantes, ácidas, dulces o no y amargas. Dales un lugar preciado al principio de tu lista de compras y nunca te aburrirás.

7 SIEMPRE COMPRA HUEVOS
Con estas bellezas en tu refrigerador, en solo minutos tendrás una comida placentera. Tendrás una delicia asegurada si revuelves un huevo con sobrantes o si lo pones sobre ensaladas o en un plato de verduras salteadas.

8 COMPRA HUEVOS CAROS SI PUEDES Por lo general, vale la pena comprar huevos orgánicos o los de gallinas de campo—saben mucho mejor que los regulares. Aun a $4 la docena, te siguen saliendo a 33 centavos cada uno. Es grande la diferencia que tienen en sabor los que son verdaderamente frescos, como los de los mercados de agricultores.

9 TEN CUIDADO CON LOS HUEVOS SEMICRUDOS Puede ser, en muy raras ocasiones, que los huevos estén infectados con salmonella. Muchas recetas clásicas, desde la mayonesa al rompope (ponche de huevo) o el aderezo César, están preparadas con claras crudas pero, técnicamente, solo los huevos completamente cocidos tienen la garantía de estar libres de salmonella. En consecuencia, no se recomiendan los huevos crudos o líquidos para bebés, niños pequeños, ancianos, embarazadas o para toda persona con el sistema inmunológico debilitado.

10 COMPRA PAN FRESCO Trata de comprar en panaderías independientes, o en la de tu tienda de alimentos, barras frescas de pan que se vean interesantes. Aunque no duren tanto como el pan cortado en rebanadas, es más placentero comer barras frescas y puedes utilizar pan viejo para preparar la Ensalada Panzanella (página 37) o

Crutones o Migajas de Pan (página 158) para complementar otros platos. Tarde durante el día, muchas panaderías independientes ofrecen importantes descuentos para la compra de panes que de otro modo tendrían que botar.

11 NO COMPRES BEBIDAS Lo único que necesita el cuerpo es agua. A excepción de la leche, la mayoría de las bebidas de paquete están carísimas, vienen cargadas de azúcar y no te llenan como un pedazo de fruta o un tazón de yogur. Si quieres beber algo especial, prepara Agua Fresca (página 169), licuados (página 170) o té.

12 TEN CREATIVIDAD CON LAS VERDURAS MARCHITAS Hay veces que se te olvidan los pimientos o los manojos de espinaca en el fondo del refrigerador. A pesar de ya no ser adecuadas para las ensaladas, las verduras marchitas seguirán quedando estupendas en todo plato que las pida salteadas, ralladas u horneadas. Simplemente recorta lo que de veras esté podrido. También las puedes usar en caldos.

13 PREPARA TÚ MISMO EL CALDO O EL CONSOMÉ El caldo casero es mejor en casi todas las recetas no dulces que llevan agua. Para preparar el caldo, empieza ahorrando todo pedacito de verdura que hayas recortado y que normalmente botarías, como la parte superior de las cebollas, las partes con semillas de los pimientos y las puntas de las zanahorias. Guárdalos en el congelador hasta que tengas unas cuantas tazas y, a continuación, sumérgelas en agua, hiérvelas y cocínalas a fuego bajo durante unas cuantas horas. Agrega sal al gusto y ¡he

aquí el caldo! Para preparar un caldo más sustancioso, haz lo mismo con los huesos y los pedazos de carne que sobren (de preferencia los del mismo tipo de carne). Ya que estarías usando cosas que de no ser así botarías, el caldo de hecho te sale gratis.

14 TRATA EL REFRIGERADOR CON RESPETO El refrigerador puede ser un gran amigo que te economice tiempo ya que te permite preparar grandes tandas de comida de una sola vez. Por ejemplo, cocinar frijoles secos toma tiempo (página 165), así que prepara más de los que necesites y, a continuación, congela el resto. Otro truco estupendo que aprendí de un lector es cortar el paquete entero de tocino (tocineta), freírlo y ponerlo luego en el refrigerador en paquetitos pequeños. De esta manera es más fácil agregar una pequeña cantidad de tocino al plato sin tener la tentación de utilizar todo el paquete o el miedo de que haya carne rancia.

15 PREPARA GRASA (SCHMALTZ) CON LA PIEL DEL POLLO La grasa o manteca del pollo se puede utilizar a modo de mantequilla. Compra carne de pollo que todavía tenga la piel, recórtasela y ponla en un sartén a fuego bajo. Agrega como una taza de agua y mantén un hervor suave hasta que la piel suelte la grasa y se evapore el agua. Deja enfriar la grasa, deshazte de la piel y vierte la grasa en un frasco de vidrio. Almacénala en el refrigerador.

16 COMPRA UN MOLINILLO PARA PIMIENTA En serio, destierra la pimienta premolida de tu vida—pierde todo el sabor con el tiempo. La pimienta fresca es todo un estallido de sabor en la boca y le da gusto a los platos sosos. Uno de los platos más populares en Roma es pasta que tan solo lleva mantequilla y pimienta. ¡Haz la prueba!

17 COMPRA YOGUR EN GRANDES CANTIDADES Existen muchos tipos de yogur en las tiendas de alimentos: algunos bajos en grasa y altos en azúcar, algunos con lindas fotos de animales. Pero los envases de yogur sin sabor son los mejores para que te rinda el dinero. Si empiezas con yogur sin sabor, podrás darle los sabores que más te gustan, en tu cocina, donde sabes exactamente lo que se le agrega. El contenido de grasa es opción tuya.

Si tienes niños, pregúntales qué sabores se les ocurren y ¡ponte a prepararlos! Haz la prueba con algo nuevo y ¡machácalo en el yogur! Si quieres preparar un yogur más espeso al estilo griego, lo único que tienes que hacer es colarlo en una estopilla (paño de queso) para quitarle el agua extra.

La versatilidad del yogur hace que sea un alimento básico estupendo para tener en el refrigerador. Y se expanden todavía más las posibilidades cuando consideras que existen opciones no dulces—como la Salsa de Yogur Tzatziki (página 146) o la Salsa Raita (página 147).

1. Plátanos (bananas)
2. Mantequilla de maní (cacahuate)
3. Fruta congelada o seca
4. Yogur
5. Limón verde (lima)
6. Miel
7. Coco
8. ¡Más yogur!
9. Bayas (moras) frescas
10. Fruta kiwi
11. Uvas rojas y verdes
12. Jalea o mermelada

ESTRATEGIAS EN SUPERMERCADOS

Si mantienes tu despensa provista de estos artículos comúnmente fáciles de conseguir, podrás poner en la mesa una amplia variedad de comidas en solo minutos. Mantener la despensa bien surtida es la clave de la cocina fácil y sencilla en el hogar. Si vives ajustada a un presupuesto, sí toma tiempo abastecerte, pero simplemente continúa agregando más cosas cada semana hasta terminar.

1 PROTEÍNA ¡La carne no es la única proteína! Artículos como los frijoles secos, las nueces y los huevos son baratos, se almacenan con facilidad y tienen múltiples usos. Sé consciente de que la mayoría de los pescados en las tiendas de alimentos han sido congelados previamente y que los descongelaron solo para exhibirlos. No tiene nada de malo comprarlos congelados y descongelarlos uno mismo.

2 LÁCTEOS La mantequilla es igual de buena para cocinar como para untarla en pan tostado. Los quesos que aparecen en la lista de la página opuesta son los que más me gustan, pero compra los que te permitan tu paladar, tu presupuesto y la disponibilidad local.

3 VERDURAS Las verduras pueden (¡y deben!) ser la base de la mayoría de las comidas. Pueden almacenarse durante unos cuantos días o semanas, a excepción de las hojas verdes, las cuales se deben usar rápidamente. Trata de conseguir cada verdura en cuanto entre en su temporada alta.

4 FRUTAS Las frutas cítricas son artículos básicos de cocina y se conservan bien. La cáscara rallada y el jugo realzan el sabor de casi todos los platos, y son un estupendo aderezo en todo momento. Los plátanos, las manzanas y los melones son refrigerios (*snacks*) rápidos y geniales, ¡pero trata de comprar frutas que no estén fuera de tu alcance! Recuerda que casi todas las frutas y verduras tienen su temporada, así que saboréalas cuando estén más ricas y más baratas.

5 GRANOS La harina es muy barata y, una vez tengas unos cuantos artículos básicos, será fácil de preparar la mayoría de los artículos horneados. Los granos enteros vienen en una gran variedad. Utilízalos en vez del arroz, mézclalos en ensaladas o agrégalos a las sopas.

6 VERDURAS ENLATADAS Hay muchas verduras enlatadas buenas, así no te olvides de comparar precios entre las frescas, las congeladas y las enlatadas. Las enlatadas sirven de maravilla en salsas. Solo sé consciente de que los alimentos enlatados suelen venir demasiado salados, así que, a excepción de los tomates, quizás te convenga enjuagarlos.

7 FRUTAS Y VERDURAS CONGELADAS Las bayas (moras) frescas pueden ser costosas, pero las congeladas están a menudo en oferta y son geniales para preparar licuados. Resulta rápido agregar verduras congeladas a las sopas y los platos de arroz. Compara precios para ver si las congeladas hacen que te rinda más el dinero.

8 AGREGADOS PARA DAR SABOR Podrás explorar una extraordinaria cantidad de cocinas con estos artículos. Hasta los más sencillos platos quedarán más intensos y apasionantes.

9 ANTOJITOS QUE RINDEN Los artículos especiales usados con moderación rinden bastante aunque sean caros. Compra uno que otro cuando puedas y disfruta de los resultados.

10 ESPECIAS Las especias son caras y a menudo tienen un inconveniente: ningún valor calórico y un precio a menudo muy elevado. Pero dado que utilizas cantidades tan pequeñas, terminan costando unos pocos centavos por receta. Si se te hace posible ir a diferentes tiendas y comparar precios, busca especias que vendan baratas al por mayor en las tiendas de productos étnicos. Te sugiero (en la página opuesta) las especias con las que debes empezar. Yo las utilizo mucho en estas recetas y en casa. Si deseas expandir tus horizontes, fíjate en la página 149 para que te inspiren las combinaciones de sabor.

COMESTIBLES QUE NO LAMENTARÁS HABER COMPRADO

PROTEÍNA
huevos
frijoles secos
lentejas
tofu
nueces
mantequilla de maní
   (cacahuate)

LÁCTEOS
mantequilla
leche
yogur
queso fresco
queso romano o parmesano
queso cheddar fuerte
queso mozzarella

VERDURAS
ajo
cebollas
zanahorias
apio
pimientos
brócoli (brécol)
tomates (jitomates)
chiles picantes
hojas verdes resistentes al frío
hojas verdes para ensalada
papas
camotes (batatas)
coliflor
calabaza de invierno

FRUTAS
manzanas
melones
naranjas
limón verde (lima)
limón amarillo
plátanos (bananas)

GRANOS
pan
tortillas
pasta
harina de uso general
harina de trigo entero
avena
palomitas de maíz (popcorn)
arroz de grano corto
arroz de grano largo
arroz integral
harina de maíz
otros granos secos enteros

VERDURAS ENLATADAS
tomates enteros
pasta de tomate
elote (maíz, choclo)

FRUTAS Y VERDURAS CONGELADAS
bayas (moras)
chícharos (arvejas, guisantes)
ejotes (habichuelas verdes,
   chauchas)
elote

AGREGADOS PARA DAR SABOR
aceite de oliva o vegetal
vinagre de vino
anchoas
sardinas
aceitunas
salsa de pescado
leche de coco
pasta de miso
mostaza
salsa de soya (soja)
salsa de chile
azúcar morena
hierbas culinarias frescas

ALIMENTOS QUE RINDEN
frutas secas
champiñones (hongos, setas)
   secos
camarones congelados
jarabe (sirope) de arce
tocino (tocineta)
extracto de vainilla
cacao en polvo

ESPECIAS
hojuelas de chile
canela
comino o semillas de comino
páprika y páprika ahumada
curry en polvo
orégano
tomillo

SOBRANTES

Los sobrantes quizás sean convenientes, pero puede ser que tengan un aspecto poco atractivo, blando y frío después de un par de días en el refrigerador. Es por eso que los sándwiches, los enrollados (*wraps*) y los tacos son tus mejores amigos. Los siguientes son tan solo unas cuantas ideas para poder renovar los sobrantes rápidamente e idear una comida ¡totalmente nueva!

1 ENROLLADO ESTILO CHANA MASALA Suena raro, pero ten confianza en mí: Unta el enrollado con mayonesa con hierbas culinarias y ponle un montón de Chana Masala (página 109).

2 ENROLLADO DE CHÍCHAROS DE OJOS NEGROS CON BERZAS Pon Chíchar de Ojos Negros con Berzas (página 111) en el enrollado y un poco de salsa picante o de Salsa de Yogur Tzatziki.

3 ENROLLADO DE HUEVOS REVUELTOS CON TOMATE Pon los Huevos Revueltos con Tomate (página 2) en el enrollado y agrega unas cuantas papas asadas o arroz para darle cuerpo.

4 BURRITO DE JAMBALAYA DE VERDURAS Agrega un poco de salsa fresca o cualquier sobrante de Jambalaya de Verduras (página 99) y enróllalo en una tortilla de harina.

5 SÁNDWICH DE COLIFLOR CON QUESO Empieza con la Coliflor con Queso (página 93) y agrega hojas verdes crujientes, pan tostado y mostaza. ¡Qué rico!

6 SÁNDWICH DE VERDURAS ASADAS (PÁGINA 106) Agrega unas cuantas especias o salsas extras para realzar el sabor de las verduras y tuesta el pan para que queden más crujientes.

7 TACO DE PAPAS ASADAS CON CHILES Este plato (página 65) resulta estupendo en tacos: Solo agrega un poco de salsa picante y de queso rallado. Yo prefiero ponerle salsa verde.

8 TACO DE TILAPIA Para improvisar un taco de pescado, agrega la Tilapia (página 85), la Ensalada de Repollo con Cacahuates (página 43) y cilantro a una tortilla. ¡Buen provecho!

9 TACOS DE COLIFLOR Combina en una tortilla caliente la Coliflor Asada, Ahumada y Picantita (página 51) con la Salsa Fresca (página 145) y con queso cheddar rallado o queso cotija.

10 POUTINE SOFISTICADA Haz como si estuvieras en un restaurante supermoderno de poutines y ponles agregados extravagantes a tus papas fritas. Quedarían estupendos los Chícharos de Ojos Negros con Berzas (página 111), como también el Chili (página 131), los Frijoles al Horno (página 48) o el Pollo con Adobo Filipino (página 77).

11 PASTA PARA UNTAR DE CAMOTES RELLENOS Muele los sobrantes de Camotes Rellenos (página 64) y, a continuación, úntalos a un sándwich de tocino (tocineta) para darle un contrapunto de dulzura.

12 INGENIOSO PAN TOSTADO Cualquiera de las recetas que se le pueden poner al Pan Tostado (página 68) también sería estupenda sobre arroz o cualquier tipo de grano, envuelta en una tortilla, mezclada con pastas o hasta en pizzas. O si no, usa un paquete de fideos ramen, no uses el sobre de condimento y ponles en vez uno de los agregados para pan tostado.

13 CHILI DE TRES MANERAS Usa un poco de Chili (página 131) como agregado en los Camotes Rellenos (página 64), sírvelo sobre verduras asadas o ponlo en hot dogs.

14 REINFUSIÓN DE VIGOR PARA LAS VERDURAS ¿Que las verduras se ven algo pasaditas? Haz la prueba de usarlas en cualquiera de las sopas (páginas 21-29), en el Chili Oscuro y Picante (página 131), en el Panqueque de Papas Británico (página 63), en Huevos Revueltos (página 2) o cocidas en Salsa de Tomate (página 127). La Ensalada de Berenjena Asada (página 32) resulta genial mezclada con fideos. Las verduras de invierno molidas son un relleno estupendo para los Pierogi (página 138), pueden agregarse a los Huevos Revueltos (página 2) o utilizarse como relleno para sándwiches.

TABLA DE TEMPORADAS

Esta table de varias frutas y verduras comunes contiene casillas sombreadas que representan los meses cuando es mejor comprarlas. Por lo general, es probable que los productos agrícolas de temporada estén menos caros. Por supuesto, el lugar donde vives conlleva diferencia en precios, así que asegúrate de ver si hay ofertas especiales cuando vayas a la tienda de alimentos.

	ENE	FEB	MAR	ABR	MAY	JUN	JUL	AGO	SEP	OCT	NOV	DIC
aguacate (palta)			■	■								
ajo						■	■	■				
berenjena									■	■	■	
betabeles (remolachas)								■	■	■	■	
brócoli (brécol)			■	■								
calabaza de invierno	■	■								■	■	■
calabaza de verano						■	■	■				
camotes (batatas)	■	■										
cebolla	■	■										
champiñón (seta, hongo)	■	■										
chícharos (arvejas, guisantes)				■	■							
chiles jalapeños						■	■	■				
col china bok choy	■	■										
col rizada (*kale*)	■	■								■	■	■
coles de Bruselas										■	■	
coliflor									■	■	■	
duraznos (melocotones)						■	■	■				
ejotes (habichuelas verdes, chauchas)					■	■	■					
elote (maíz, choclo)							■	■				
espinaca			■	■	■				■	■		
hojas verdes de berza (*collard greens*)			■									■
lechuga			■	■	■							
mango				■	■							
manzana									■	■	■	
nabo			■	■								
papa	■	■										■
pepino						■	■	■				
pimientos						■	■	■				
puerros (porros)	■	■								■	■	■
repollo (col)			■	■	■							
tomate (jitomate)						■	■	■				

EQUIPO DE COCINA

Podría parecer abrumadora la tarea de abastecer tu cocina con equipo, pero no tiene porque darte miedo—ni salirte caro. Los siguientes utensilios te servirán para preparar cualquiera de las recetas de este libro.

❶ BUENOS CUCHILLOS

- El utensilio más importante en la cocina es el cuchillo de chef. Asegúrate de que sea grande y de que esté filoso.
- Necesitarás un cuchillo para pelar cuando se trate de tareas pequeñas como pelar y descorazonar manzanas.
- Obtén un cuchillo dentado para cortar panes y tomates con facilidad.

❷ RALLADOR CUADRADO (DE CAJA)

Utilízalo para:
- Rallar queso
- Rallar papas
- Preparar verduras duras con rapidez

❸ TAZAS Y CUCHARAS MEDIDORAS

❹ OLLAS Y SARTENES ESENCIALES

- Sartén grande de hierro fundido o antiadherente
- Cacerola mediana
- Olla sopera grande

❺ UTENSILIOS PARA REVOLVER

- Podrás revolver de todo con una cuchara de madera de mango largo.
- Un cucharón es esencial para sopas, guisos y salsas.
- Aunque bien podrías utilizar un tenedor en vez de un batidor de alambre (*whisk*), consigue uno si tomas las salsas y los postres en serio.

❻ UTENSILIOS PARA ASAR

- Utiliza platos y moldes aptos para horno—de vidrio, cerámica, etc.—para asar al horno a fuego directo o indirecto o para preparar artículos horneados.
- Las cazuelas son muy prácticas para almacenar sobrantes.

7 COLADOR

Utilízalo para:

- Escurrir pasta o verduras hervidas
- Tamizar (cernir) harina
- Colar el yogur para retirar el suero de leche extra

8 RALLADOR MICROPLANE

Utilízalo para:

- Rallar la cáscara de limones
- Rallar quesos duros y ajo
- Añadir verduras ralladas a salsas

9 UTENSILIOS ESPECIALES DE REPOSTERÍA

- Moldes para muffins se pueden utilizar para hornear en pequeñas porciones (¡y no tan solo muffins!).
- Es difícil preparar un pastel sin un molde para pasteles.
- Las charolas (bandejas) para hornear con borde también se pueden utilizar para asar verduras y pescados.

10 BATIDORA DE INMERSIÓN

- Utilízala para licuar sopas y preparar licuados.
- Es más versátil y rápido de lavar que las licuadoras tradicionales.
- Si necesitas más potencia, considera invertir en un procesador de alimentos o en una licuadora.

11 UTENSILIOS PARA VOLTEAR Y MOVER

- Las espátulas planas se usan para voltear panqueques.
- Las espátulas redondeadas sirven para raspar los tazones.
- Utiliza tenazas (pinzas) de cocina para preparar ensaladas o para mover alimentos calientes sin lastimarte.

12 TABLA PARA CORTAR

- La madera dura muchísimo y, al contrario de lo que uno podría pensar, es la superficie más higiénica para preparar carnes crudas. ¡Por algo se llama tabla de carnicero!
- Las tablas de plástico baratas funcionan y se lavan fácilmente.
- No las consigas de vidrio. ¡No lo hagas!

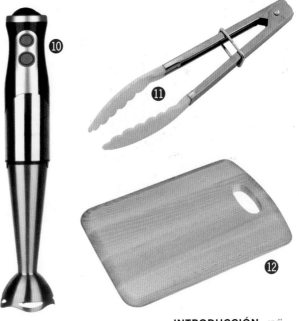

LA MANERA DE UTILIZAR ESTE LIBRO

Bueno y Barato es una guía estratégica, no el típico libro de cocina. Claro que tenemos *desayuno, cena, bocadillos (snacks) y platos de acompañamiento*. Pero también hay *grandes tandas* para alimentar a toda una multitud o para planificar con anticipación. Hay una sección sobre la *despensa* llena de alimentos básicos que comemos todos los días y de salsas que les dan brío a esos alimentos. Las *bebidas y postres* son deliciosos y valen la pena el esfuerzo, a la vez que les dan uso a los ingredientes cotidianos que compras para otras comidas. Las páginas con *ideas* muestran cuanta variedad hay en cosas sencillas como la avena o las palomitas de maíz. Y los *métodos* están ahí para enseñarte procedimientos que utilizarás una y otra vez.

Una vez te entregues a la cocina, aprenderás que no existen reglas para preparar la mejor de las avenas, sino solo *tu* mejor avena. Hablando en términos más prácticos, te darás cuenta que muchos de los ingredientes se utilizan de forma similar y que pueden sustituirse. Si consigues lentejas rojas en descuento o si el vecino te da una bolsa de calabacitas, mi deseo es que te hayas armado con las destrezas que te permitan aprovechar el momento, en vez de sentirte prisionera a una receta inflexible. Las recetas de este libro son un punto de partida. Espero que *Bueno y Barato* te sirva de cimiento y que te enseñe a cocinar sin recetas y con la seguridad de poder cocinar por el placer de cocinar.

DESAYUNO

Huevos revueltos con tomate

Estos cremosos y esponjosos huevos llevan ricos y jugosos tomates de sabor dulce. Saben mejor cuando los tomates están de temporada. Sirve los huevos en o con una tortilla, si es que la tienes a la mano. PARA 2

½ cucharada de mantequilla

4 tomates frescos pequeños o 2 grandes, picados, o 2 tazas de tomates enlatados picados

4 huevos

sal y pimienta, al gusto

AGREGADOS

albahaca fresca picada u otros tipos de hierbas culinarias para espolvorear

1 Derrite la mantequilla en un sartén antiadherente pequeño o mediano y menéala para recubrir el sartén. Agrega los tomates y cocínalos de 5 a 7 minutos o hasta que suelten su jugo y se evapore su mayor parte.

2 Mientras tanto, rompe los huevos en un tazón y espolvorea con sal y pimienta. Bate los huevos ligeramente con un tenedor.

3 Reduce el fuego a bajo y agrega los huevos al sartén. Utiliza una espátula para mezclar los huevos y los tomates suavemente y revolverlos con cuidado de forma continua para evitar pedazos grandes. Reduce el fuego lo más bajo posible; entre más despacio se cocinen los huevos, más cremosos quedan.

4 Una vez cocidos los huevos a la consistencia deseada, apaga el fuego y agrega las hierbas picadas. La albahaca es la mejor para los tomates. A mí me gusta que los huevos revueltos queden sueltos, jugosos y suavecitos. Los puedes cocinar por un poco más de tiempo si los prefieres más secos.

Omelette

Hago esta omelette por lo menos una vez a la semana. Es ridículamente deliciosa, ya sea repleta de verduras o sencilla. Me encanta con eneldo, pero sabe bien con casi todo tipo de hierba culinaria o con cebollitas verdes. Suelo utilizar queso cheddar o romano, ya que combinan bien con la mayoría de las verduras. Pero el queso de cabra con calabacitas, y la coliflor con salchichas y hojuelas de chile, son también estupendas combinaciones.

Si voy a servir para dos personas, suelo cortar una omelette por la mitad en vez de preparar dos. Sin embargo, si te apetece preparar algo más elaborado, prepara un par de omelettes con dos huevos cada una utilizando la mitad de los ingredientes. Para preparar una omelette estilo francés, enróllala en el Paso 4 en vez de doblarla. Obtendrás un resultado muy fino y suave. PARA 2

4 huevos

2 cucharadas de eneldo fresco finamente picado

sal y pimienta, al gusto

mantequilla, para el sartén

1 chalota o ½ cebolla morada pequeña finamente picada

¼ taza de queso rallado

1 Coloca en un tazón los huevos, el eneldo, la sal y la pimienta y bátelos con un tenedor.

2 Derrite a fuego medio-alto un poco de mantequilla en un sartén para freír grande. Una vez chisporrotee, agrega la chalota y sofríela unos 2 minutos hasta que quede translúcida y tenga un buen olor.

3 Agrega los huevos al sartén caliente y revuélvelos para recubrir el sartén de forma pareja. Si el centro de la omelette se cocina más rápidamente que el borde, utiliza una espátula para llevar el huevo crudo al centro. Y ya no la toques más.

4 Después de unos 30 segundos, espolvorea el queso sobre los huevos, junto con cualquier otra verdura cruda o cocida que quieras agregar. Cuando ya no estén translúcidos los huevos, lo que toma de 30 segundos a 2 minutos, dobla la omelette por la mitad utilizando una espátula y retírala del sartén. No te conviene que los huevos queden con partes quemadas.

Sándwiches de huevo con picadillo de champiñones

Los sándwiches de huevo son uno de los pilares de todos los delicatessens de esquina de la Ciudad de Nueva York. Son baratos y sencillos, rápidos y deliciosos. Supe que tenía que incluir uno cuando Charlene, una de las primeras personas que me apoyaron, me pidió una receta con huevos y champiñones. (¡Le agradezco la petición! A mí no me gustan mucho los champiñones, así que escasean en este libro, aunque a muchas personas les encantan.) Esta receta es realmente sencilla, como es el caso de la mayoría de los sándwiches. Puedes utilizar los ingredientes que tengas a la mano. Los tristes sobrantes recobran su vigor cuando se combinan con la jugosa y grasosa consistencia de las yemas líquidas. PARA 2

---

2 cucharaditas de mantequilla

1 papa pequeña, en cubitos

sal y pimienta, al gusto

8 onzas de champiñones (hongos, setas), en rebanadas

2 dientes de ajo, finamente picados

2 panecillos o muffins ingleses, separadas sus partes, o 4 rebanadas de pan

2 huevos

AGREGADOS

tomate en rebanadas

aguacate (palta) sin hueso, pelado y en rebanadas

queso

VARIACIONES

papa con cebolla

papa con chícharos (arvejas, guisantes)

berza (collards) con tocino (tocineta)

calabacita (zucchini)

chorizo y chile verde

1 Derrite 1 cdta. de mantequilla en un sartén a fuego medio. Agrega las papas y cocínalas revolviéndolas lo más mínimo que se pueda por unos 5 minutos o hasta que empiecen a dorarse y a suavizarse. Condiméntalas con sal y pimienta.

2 Agrega los champiñones y el ajo y cocínalos revolviéndolos por otros 5 minutos o hasta que se doren y se achiquen los champiñones. Si las papas se pegan al sartén, agrega un poco de agua. Perfora un trozo de papa con un tenedor para ver si está. Si lo atraviesa fácilmente, ya terminaste. Si no, cocínalo unos cuantos minutos más. (Entre más picaditas estén las papas, más rápido se cocinan.) Pruébalo y ajusta la sazón según prefieras.

3 Coloca los panecillos o el pan en la tostadora. Mientras tanto, derrite la otra cucharadita de mantequilla a fuego medio en un sartén antiadherente mediano. Rompe los huevos, incorpóralos y espolvoréalos con sal y pimienta.

4 Si te gustan los huevos fritos estrellados, tapa la sartén para asegurarte de que se terminen de cocinar las claras sin que se endurezcan las yemas. En cuando ya no estén translúcidas las claras, apaga el fuego y retira los huevos de la sartén.

Si te gustan los huevos fritos volteados (mis favoritos), espera a que se cocinen las yemas sin perder todo su aspecto líquido, dales vuelta con una espátula y cocínalos del otro lado durante unos 15 segundos. De esta manera se cocinarán por completo las claras, pero las yemas seguirán líquidas—el mejor de los casos. Si las prefieres duras las yemas (¡no, por favor!), cocínalas unos 30 segundos más.

5 Rápidamente para que todo siga rico y caliente, arma el sándwich con los ingredientes poniendo una capa de verduras primero, cubriéndola con el huevo y utilizando los condimentos que quieras. ¡Mucho mejor que lo que encontrarás en el deli de la esquina!

Barras de granola con mantequilla de maní y jalea

¿Ya te cansan los sándwiches de mantequilla de maní (cacahuate) y jalea? ¡Prueba estas barras entonces! Las cree para mi amigo Alex, el mejor corredor de larga distancia que conozco. Su textura se desmorona un poco más que la de las barras que se venden en tiendas, así que ten cuidado al comerlas yendo de un sitio a otro—probablemente dejarás un sendero de migajas en la banqueta (acera, vereda) y en tu camisa. Y por si fuera poco, encontrarás los ingredientes en cualquier tienda o banco de alimentos. Puedes usar cualquier tipo de jalea o mermelada—yo utilicé una de moras azules (arándanos), pero las de uvas, las de fresa (frutilla) o las de cualquier otro sabor sabrán bien. Podrás utilizar avena de cocción rápida, si es lo único que tienes, pero yo prefiero la textura de la avena arrollada cuando se toma un bocado y se mastica. Para darle una textura más crujiente al masticarla, también puedes utilizar Rice Krispies en vez de una taza de avena. RINDE 12 BARRAS

---

mantequilla o aceite vegetal,
   para el molde
3 tazas de avena arrollada,
   o 2 tazas de avena arrollada y
   1 taza de Rice Krispies
½ taza de mantequilla de maní
   (cacahuate)
½ taza de jalea o mermelada
¼ taza de agua caliente
¼ cucharadita de sal

AGREGADOS
½ taza de nueces picadas
½ taza de coco rallado
½ taza de fruta seca picada
½ taza de miel (en vez de la jalea)

1 Precalienta el horno a 350°F.

2 Engrasa un molde para hornear de 8 × 11 pulgadas. Si tienes un molde de tamaño diferente, está bien—solo cambiará el grosor de las barras, así que te va a hacer falta ajustar el tiempo de cocción un poco. Los moldes más grandes hacen que la cocción tome menos tiempo y hacen que queden más crujientes las barras, mientras que uno más pequeño tomará unos cuantos minutos más—simplemente estate pendiente del horno.

3 Vierte la avena en un tazón grande.

4 Coloca una cacerola pequeña a fuego bajo y agrega la mantequilla de maní, la mitad de la jalea, el agua, la sal y cualquier otro agregado. Revuelve unos 2 minutos o hasta obtener una consistencia homogénea.

5 Vierte la preparación de mantequilla de maní y jalea sobre la avena y revuelve la avena hasta que quede toda recubierta y obtengas una consistencia pegajosa. Vierte esta mezcla en el molde que engrasaste y aplástala hasta obtener una capa pareja. Esparce el resto de la jalea por encima.

6 Hornea las barras 25 minutos. Las barras ya están cuando están tostadas y doradas por los bordes. Mmm. Crujiente.

7 Deja las barras en el molde hasta que se terminen de enfriar, aproximadamente una hora, y, a continuación, córtalas en 12 barras.

$0.30 / **BARRA**
$3.60 TOTAL

ideas
AVENA

La avena es un desayuno caliente y reconfortante que te dará energía para que tengas una mañana estupenda. También es barata en extremo, así que te permitirá gastar un poco más en el almuerzo y en la cena. La avena básica tiene la reputación de ser fastidiosa, pero esta receta te la mejora de tantas formas que nunca te aburrirás.

Piensa que preparar la avena básica es como echar los cimientos. Dale un toque personal con las ideas que te proponemos en la siguiente página. Sea con leche y dulce o sin dulce y salada, tengo la seguridad de que encontrarás tu manera favorita ¡de deleitarte con un tazón de avena por la mañana!

Avena básica

PARA 2

1 taza de avena arrollada
2 tazas de agua
¼ cucharadita de sal

1 Agrega la avena, el agua y la sal a una olla pequeña y hierve a fuego medio. Reduce el fuego a bajo de inmediato y pon la tapa.

2 Cocina la avena 5 minutos o hasta que las hojuelas estén suaves y tiernas y se haya evaporado casi toda el agua. Puedes agregar más agua si te gusta la avena más suave y menos espesa, o un poco menos para que quede espesa y cremosa.

❶ Calabaza
$0.75 PORCIÓN /
$1.50 TOTAL

½ taza de calabaza enlatada
¾ taza de leche (o leche de almendra o de soya)
2 cucharadas de azúcar morena, y más al gusto
1 cucharadita de canela molida

AGREGADOS
¼ cucharadita de jengibre molido
¼ cucharadita de clavo molido con un rocío de jarabe (sirope) de arce

Usa un batidor de alambre para batir en una olla la calabaza, la leche y 1¼ taza de agua. Agrega la avena, la sal, el azúcar y las especias. Cocina a fuego medio de 2 a 5 minutos o hasta que la mezcla hierva. Reduce el fuego a bajo para darle 5 minutos más. Agrega el jarabe o más azúcar al gusto.

❷ No dulce
$0.75 PORCIÓN /
$1.50 TOTAL

2 o 3 cebollitas, las partes blancas y verdes, finamente picadas
¼ taza de queso cheddar fuerte rallado
1 cucharadita de mantequilla
2 huevos

Cocina la avena de acuerdo a las instrucciones para la avena básica (ver izquierda), pero agregando las cebollitas en el Paso 1. Incorpora el queso cuando ya casi esté listo. Mientras se cocina la avena, derrite la mantequilla a fuego medio en un sartén. Rompe los huevos, incorpóralos y, a continuación, tapa el sartén y fríelos de 2 a 3 minutos o hasta que se cocinen las claras sin que dejen de estar líquidas las yemas. Ponle a cada tazón de avena ¡un huevo frito!

❸ Coco y limón

$0.75 PORCIÓN /
$1.50 TOTAL

¼ taza de hojuelas de coco
   sin endulzar
2 cucharadas de azúcar
jugo de ½ limón verde
   (lima)

Agrega el coco y el azúcar
a la avena y sigue las
instrucciones de la Avena
Básica (página 9). Apaga
el fuego y rocía el jugo de
limón por encima.

❹ Afrutado

$0.55 PORCIÓN /
$1.10 TOTAL

½ taza de moras (bayas),
   o de frutas picadas,
   frescas o congeladas
1 cucharada de azúcar

Cocina la avena según las
instrucciones de la Avena
Básica (página 9), pero
2 minutos antes de que
esté lista, agrega las moras
y el azúcar y revuélvelas
para combinarlas. Es
sorprendente el número
de variaciones que se
puede inventar uno con
tan solo hacer la prueba
con una fruta nueva.

❺ Manzana con canela

$1 PORCIÓN / $2 TOTAL

2 tazas de jugo de
   manzana o sidra
1 cucharadita de
   canela molida
1 manzana, descorazada y
   picada

Cocina la avena según
las instrucciones para la
Avena Básica (página 9),
pero utilizando el jugo de
manzana en vez del agua
y agregando la canela.
Pon la manzana sobre
la avena. Si quieres que
la manzana esté suave y
caliente, cocínala junto
con la avena.

❻ Baklava

$0.75 PORCIÓN /
$1.50 TOTAL

1 cucharadita de canela
   molida
1 cucharada de cáscara de
   naranja finamente rallada
4 cucharadas de miel
2 cucharadas de almendras
   o pistachos picados

Agrega la canela, la
cáscara de naranja y
2 cdas. de miel antes de
cocinar la avena según las
instrucciones de la Avena
Básica (página 9). Corona
cada tazón con otra cda.
de miel y con una cda. de
nueces.

❼ Chocolate

$0.50 PORCIÓN /
$1 TOTAL

1 taza de leche
1 cucharada de cacao
1 cucharada de azúcar

Es una brillante sugerencia
de una maravillosa lectora,
Karen Lofstrom. ¿A quién le
hacen falta los Cocoa Puffs
cuando uno puede tener
avena con cacao?

Reemplaza una de
las dos tazas de agua con
1 taza de leche. Incorpora
el cacao y el azúcar en
la leche con agua antes
de agregarlas a la olla—
¡de esta forma no habrá
grumos! Prosigue entonces
con la avena (página 9).

$1.25 / **PORCIÓN**
$2.50 TOTAL

Quinua de desayuno

La quinua es, de vez en cuando, una gran alternativa para reemplazar la avena. Contiene más proteínas presentes de forma natural que la avena, así que quedarás satisfecho por más tiempo. Desafortunadamente, tiene un precio de etiqueta más elevado, pero si la compras a granel podría salir económica. PARA 2

1 taza de quinua blanca

2 tazas de agua

¼ cucharadita de sal

1 cucharada de azúcar

1 taza de moras (bayas), o de frutas picadas, frescas o congeladas

1 Agrega la quinua, el agua y la sal a una olla pequeña y hierve a fuego medio. Reduce el fuego a bajo. Pon la tapa medio sesgada en la olla para que escape el vapor.

2 Después de 10 minutos, agrega el azúcar y la mitad de la fruta mientras las revuelves para combinarlas. La quinua debe de tomar unos 20 minutos en total, pero estate pendiente y agrega más agua si se pone demasiado seca. Ya está lista cuando los granos se ven translúcidos, han duplicado su volumen y puedes ver un anillo opaco alrededor de cada grano.

3 Suelta la quinua con un tenedor y ponla en tazones. Ponle encima el resto de la fruta.

Panqueques de plátano

Con la textura cremosa y el delicioso sabor de los plátanos (bananas), estos panqueques son impresionantemente buenos. Serás popular a más no poder si alimentas con ellos a tus amigos y familiares. Otra ventaja: Esta es una estupenda forma de deshacerse de los plátanos blandos sin tener que preparar pan de plátano. PARA 4, RINDE DE 10 A 15 PANQUEQUES

---

2 tazas de harina de uso general

¼ taza de azúcar morena

2 cucharaditas de polvo para hornear

1 cucharadita de bicarbonato de sodio

1 cucharadita de sal

4 plátanos (bananas)

2 huevos

1½ taza de leche

1 cucharadita de extracto de vainilla

mantequilla, para cocinar y servir

jarabe (sirope), para servir

1 Precalienta el horno al nivel más bajo.

2 Combina la harina, el azúcar morena, el polvo para hornear, el bicarbonato de sodio y la sal en un tazón mediano. Revuélvelos bien con una cuchara.

3 En otro tazón mediano, muele 2 de los plátanos con un tenedor. Agrega los huevos, la leche y la vainilla y revuélvelos bien para combinarlos.

4 Agrega los ingredientes secos a los líquidos y revuelve con una cuchara justo hasta que se mezclen. Los panqueques salen suaves si no se mezcla demasiado el batido. No te preocupes si todavía quedan algunos bolsillos de harina.

5 Deja reposar el batido de 10 a 15 minutos. Mientras tanto, rebana los 2 plátanos restantes.

6 Calienta a fuego medio un sartén o comal (plancha) de hierro fundido o antiadherente. Ya caliente, derrite una pequeña cantidad de mantequilla, una ½ cucharadita, en el sartén y usa un cucharón para verter parte del batido para panqueques en el centro del sartén.

La cantidad normal de batido es de ¼ a ⅓ taza, pero puedes preparar los panqueques tan grandes o tan pequeños como lo desees. Hazlos pequeños si es la primera vez que los cocinas. Será más fácil voltearlos.

7 En cuanto el batido esté en el sartén, coloca 3 o 4 rebanadas de plátano sobre el lado del panqueque que no está cocido todavía. Voltea el panqueque una vez se le empiecen a secar los bordes y veas que burbujea en el medio. Cocínalos aproximadamente de 30 segundos a 1 minuto por lado o hasta que se doren.

8 Apila los panqueques que vayas terminando en un plato dentro del horno caliente y repite los Pasos 6 y 7 hasta que se te termine el batido. Sírvelos calientes, con mantequilla y jarabe.

> **SI ESTÁS DE PRISA,** utiliza un sartén o un comal más grande y cocina unos cuantos panqueques a la vez. Prepararlos en tandas de tres o cuatro es mucho más rápido que ¡uno a la vez!

Scones de trigo entero con queso y jalapeños

Picantes, con queso, hojaldrados—estos scones, panecillos originarios de Escocia, están en su cúspide acabados de salir del horno. Son deliciosos de desayuno, o con un plato de frijoles o con muchas verduras, o desmoronados en guisos o en chilis (página 131). Cortar el queso en cubos en vez de rallarlo significa que tendrás bolsillos de queso derretido que contrastarán bien con la textura crujiente del scone. Si quieres que pique el jalapeño, déjale las semillas y la membrana; si quieres que pique menos, quítaselos y solo pica el jalapeño en sí. RINDE 6 SCONES

½ taza (1 barra) de mantequilla
(ver recuadro)

2½ tazas de harina de trigo entero,
y más para la superficie de trabajo

1 cucharada de polvo para hornear

1 cucharadita de sal

1 chile jalapeño, finamente picado
(ver nota introductoria)

4 onzas de queso cheddar
fuerte, cortado en cubos de
aproximadamente ¼ pulgada

2 huevos, ligeramente batidos

½ taza de leche

**BARNIZ DE HUEVO BATIDO
(OPCIONAL)**

1 huevo

sal y pimienta, al gusto

> **UTILIZA EL ENVOLTORIO** de la
> barra de mantequilla para engrasar
> la charola (bandeja) para hornear.

1 Pon la mantequilla en el congelador durante 30 minutos.

2 Precalienta el horno a 400°F. Forra una charola (bandeja) para hornear con papel para hornear o engrásala con un poco de mantequilla.

3 Combina la harina, el polvo para hornear y la sal en un tazón grande.

4 Retira la mantequilla del congelador y rállala directamente sobre la mezcla de harina. (Utiliza un rallador para quesos—es la mejor manera de partir la mantequilla en pedazos sin derretirla.) Exprime la mantequilla suavemente con las manos para incorporarla a la harina, pero sin hacer que la consistencia de la mezcla sea homogénea. Los pedazos de mantequilla van a producir la textura hojaldrada.

5 Agrega el jalapeño, el queso, los huevos batidos y la leche al tazón y, a continuación, mezcla todo cuidadosamente con las manos justo hasta que se combinen. Es probable que la masa quede un poco rugosa, pero no importa.

6 Espolvorea harina sobre una encimera (mostrador) limpia y vierte la masa sobre ella. Con cuidado, forma con la masa un disco de aproximadamente 1½ pulgada de grosor. Corta el disco en 6 cuñas triangulares, como pedazos de pizza, y ponlas en la charola para hornear.

7 Si deseas preparar el barniz de huevo batido (¡te lo recomiendo!), bate el huevo ligeramente y pincela los scones con él (tendrás más barniz del que necesitarás). Espolvorea los scones con sal y pimienta. Hornéalos 25 minutos o hasta que queden bien doraditos.

Muffins de calabacita con chocolate

Me preocupé un poco cuando mi amigo Michael me retó para que ideara una receta que llevara chocolate oscuro: ¡Es caro el chocolate oscuro! Pero me acordé de que el cacao en polvo es profunda y oscuramente achocolatado, y sin el gasto. Pensé en el pastel de calabacita con chocolate que hacía mi madre cuando yo era chica y supe que iba por buen camino.

Es un gran antojito de desayuno que usa alimentos básicos que por lo general deberías tener a la mano, como lo son la harina, la avena y el yogur. El yogur y la calabacita hacen que estos muffins queden superjugosos y ricos, pero sin dejar de ser una nutritiva opción para el desayuno (aunque un poco azucarada). Prepáralos a mediados del verano, cuando la temporada de calabacitas está en su cúspide y cuando los más grandes están de verdad baratos. Las calabacitas grandes tienen, por lo general, una textura un poco leñosa, pero son estupendas para hornear. RINDE 24 MUFFINS PEQUEÑOS

---

mantequilla o aceite vegetal, para engrasar el molde

2 tazas de calabacitas (zucchini) ralladas (empieza con 1 calabacita grande o con 2 pequeñas)

1½ taza de harina de uso general

1½ taza de avena arrollada

1½ taza de azúcar

½ taza de cacao en polvo

2 cucharaditas de bicarbonato de sodio

1 cucharadita de sal

4 huevos

1 taza de yogur sin sabor

AGREGADOS

1 cucharada de canela molida

½ taza de chispas de chocolate oscuro

1 Precalienta el horno a 350°F.

2 Engrasa 24 tacitas para muffins con mantequilla, o ponles forros de papel (capacillos o pirotines) si los tienes.

3 Recórtales el extremo redondo a las calabacitas (que es un poco duro) teniendo cuidado de dejar el tallo para utilizarlo como una manija. Ralla las calabacitas en un tazón grande utilizando un rallador cuadrado (de cuatro caras) y sin olvidarte de detenerte antes de llegar al tallo.

4 Echa en un tazón mediano la harina, la avena, el azúcar, el cacao en polvo, el bicarbonato de sodio, la sal y la canela, y las chispas de chocolate, si los vas a usar.

5 Mezcla los huevos y el yogur con la calabacita rallada. Agrega los ingredientes secos, mezclándolos bien justo hasta combinarlos.

6 Con una cuchara, echa el batido en las tacitas para muffins hasta que cada una esté llena hasta los tres cuartos. Llévalas al horno y hornéalas 20 minutos.

7 Saca los muffins y insértales un palillo de dientes o un cuchillo en el centro. Si sale húmedo, hornea los muffins 5 minutos más. Si sale limpio, ya están.

8 Deja enfriar los muffins en sus tacitas de 20 a 30 minutos y ¡a comerlos calientes!

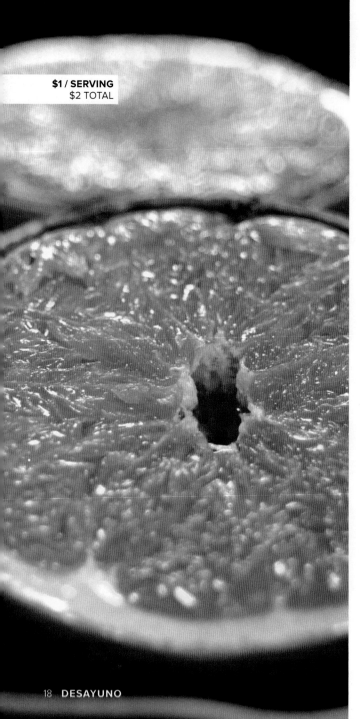

Toronja asada al horno

Si tu horno tiene asador, esta es una manera rápida y divertida de darle vida a la común y saludable toronja de desayuno y de convertirla en un caliente antojito amelcochado. Quizás a ti te convierta en ¡todo un aficionado de las toronjas! Si tienes jarabe (sirope) de arce a la mano, utilízalo en vez del azúcar y tendrá aun más sabor. PARA 2

2 toronjas (pomelos)
2 cucharadas de azúcar morena oscura o clara
sal

1 Sube la temperatura del asador del horno a fuego alto.

2 Corta cada toronja por la mitad por su hemisferio y coloca las mitades boca arriba en una charola (bandeja) para hornear con borde o en otro tipo de molde refractario. Espolvorea las mitades con el azúcar morena y con un poco de sal para realzar el sabor.

3 Deja las mitades de toronja debajo del asador hasta que burbujeen y se doren un poco (o quizás hasta que se ennegrezcan) por los bordes. Asarlas así suele tomar unos 3 minutos, pero los asadores son diferentes, así que estate pendiente—al tuyo quizás le tome hasta 8 minutos. ¡No te distraigas! Que se ennegrezcan por el borde está bien; una plasta pegajosa negra en el centro no. No hay mejor manera de arruinar las comidas que quemándolas.

4 Deja enfriar la toronja durante uno o dos minutos antes de servir.

SOPAS Y ENSALADAS

$0.60 / PORCIÓN
$2.40 TOTAL

Dal (Sopa india de lentejas)

Esta sopa espesa de lentejas llena de sabor es un alimento básico de la cocina india. Existen miles de formas de preparar la sopa Dal, pero lo fundamental en ella—aparte de las lentejas en sí—suele ser el jengibre, el ajo y el chile frescos, junto con algunas especias secas. Puedes usar el tipo de lenteja que prefieras. Remójalas durante 30 minutos si vas a usar las lentejas de mayor tamaño (como las chana dal, las francesas o las mung). Si vas a usar lentejas anaranjadas pequeñas, no te preocupes en remojarlas—se cocinan muy rápidamente. PARA 4

---

1 cucharada de mantequilla

1 cebolla mediana, finamente picada

1 cucharadita de semillas de comino

1 cucharadita de semillas de
   mostaza negra

1 cucharadita de cúrcuma

2 dientes de ajo, finamente picados

1 chile jalapeño o serrano,
   finamente picado (ver recuadro)

pedazo de jengibre de ½ pulgada,
   rallado

2 tazas de lentejas

sal y pimienta, al gusto

AGREGADOS

crema espesa

un poco de cilantro fresco picado

un poco de cebollitas verdes picadas

1 Derrite la mantequilla a fuego medio en una olla mediana. Agrega la cebolla y cocínala 1 minuto y, a continuación, agrega las semillas de comino y las de mostaza y revuélvelas hasta que chisporroteen. Incorpora la cúrcuma, el ajo y el chile jalapeño y cocínalos hasta que suavicen las verduras, lo que tomará de 3 a 4 minutos más. Agrega el jengibre y saltéalo unos 30 segundos.

2 Agrega las lentejas con suficiente agua que las cubra y, a continuación, cocínalas tapadas unos 20 minutos si se trata de lentejas rojas partidas, 30 si son verdes o pardas y 45 en el caso de las demás variedades de lentejas enteras o hasta que se suavicen. Planifica conforme el tipo de lenteja que estés utilizando (las instrucciones de los paquetes ayudan).

3 Prueba la sopa y agrega sal y pimienta al gusto. Probablemente te hará falta bastante sal para despertar todos los sabores—una cucharadita más o menos.

4 Salpica el plato con un poco de crema, de cilantro fresco picado o de cebollitas frescas picadas, y sírvelo.

SI PREFIERES PLATOS MENOS PICANTES, utiliza una cuarta parte del chile jalapeño para empezar y agrega más si decides que te gusta. Los chiles serranos son más picantes que los jalapeños, así que utilízalos solo si te gusta muy picante la comida. Al igual que la de la sal, la cantidad de chile jalapeño debe ser al gusto. Y siempre cabe la posibilidad de quitarles las semillas a los chiles y de desvenarlos a fin de reducir su sabor picante.

Sopa de elote

Esta espesa, dulce y sustanciosa sopa es un favorito de niños y adultos. Resulta maravilloso prepararla a fines del otoño, momento en que los elotes (mazorcas de maíz, choclos) están en su cúspide, pero los granos de elote enlatados o congelados también pueden servir para hacernos recordar el verano en pleno invierno. Si vas a preparar esta sopa utilizando elotes el primer paso sería preparar caldo con los elotes que ya hayas desgranado. Si utilizas granos de elote enlatados o congelados, necesitarás sustituir caldo de pollo o de verduras en su lugar. Acompaña la sopa con una rebanada de pan con ajo o un huevo duro para proveer más proteína. PARA 4 A 6

1 cucharada de mantequilla

1 cebolla, finamente picada

2 tallos de apio, finamente picados

1 pimiento rojo o verde, sin cabito ni semillas y finamente picado

1 papa pequeña, en cubitos

4 dientes de ajo, finamente picados

1 chile, finamente picado (opcional)

4 tazas de elote, fresco (de 4 a 8 mazorcas), enlatado o congelado

1 cucharada de harina de maíz o harina de uso general

5 tazas de caldo de elote (a continuación la receta), de verduras o de pollo

sal y pimienta, al gusto

1 Derrite la mantequilla a fuego medio en una olla grande tapada. Agrega la cebolla, el apio, el pimiento y la papa y revuélvelos. Tapa la olla y deja que se cocine todo unos 5 minutos o hasta que esté translúcida la cebolla.

2 Destapa la olla y agrega el ajo y el pimiento, si los estás utilizando. Revuelve las verduras agregando un poco de agua o de caldo para liberar las que se peguen al fondo de la olla.

3 Deja que se cocinen las verduras revolviéndolas de vez en cuando hasta que se doren un poco y se suavicen, lo que tomará 5 minutos más. Las papas no han de haberse cocido totalmente todavía.

4 Agrega el elote y la harina de maíz a la olla y revuélvelos. Vierte el caldo dentro, hiérvelo y, a continuación, reduce el fuego a bajo para mantener un hervor suave unos 30 minutos o hasta que espese y se ponga opaco el caldo.

5 Agrega la sal y la pimienta. Si preparas tu propio caldo de elote, probablemente te hará falta por lo menos una cucharadita de sal; si utilizas caldo comprado en tienda, necesitarás menos.

Caldo de elote

RINDE 5 TAZAS

4 a 8 elotes (mazorcas de maíz, choclos), con los granos reservados para la sopa (ver recuadro, página 40)

2 hojas de laurel (opcional)

sal y pimienta, al gusto

Coloca los elotes y las hojas de laurel, si las vas a usar, en una olla sopera y sumérgelos en agua. Hiérvelos a fuego alto y, a continuación, reduce el fuego a medio y mantén un hervor suave durante unos 30 minutos. Prueba el caldo y agrega sal y pimienta hasta que tenga un rico sabor a elote. Mide 5 tazas de caldo para la sopa y almacena el resto. Si no quieres quedarte con sobrantes, hierve el caldo por más tiempo hasta que se reduzca a 5 tazas. Esta reducción hará que tenga un sabor más fuerte el caldo. El caldo se conservará bien por varios meses en el congelador, o unas cuantas semanas en el refrigerador.

Sopa de cebolla a la francesa

Hay que reconocerlo desde ahora: Vas a llorar al hacer esta receta porque el primer paso es picar un montón de cebollas. Pero llorar nos hace bien de vez en cuando. Pronto pasarás a la parte mágica que es ver una pila colosal de cebollas achicarse y caramelizarse durante la preparación es esta dulce, sabrosa y maravillosa sopa. Déjala para el invierno, momento en el que otras verduras están fuera de temporada y quieras llenar tu hogar de ricos aromas. Así como me dijo mi amiga Marilyn, quien me sugirió esta receta, "El olor en tu cocina es absolutamente divino". PARA 6

4 libras de cebollas, de cualquier tipo

4 dientes de ajo

2 cucharadas de mantequilla

2 hojas de laurel

3 cucharaditas de sal, y más al gusto

2 cucharaditas de pimienta, y más al gusto

6 rebanadas de pan

1½ taza de queso gruyère o cheddar rallado

AGREGADOS

caldo de carne de res o de pollo en vez del agua del Paso 4

½ taza de vino tinto, o 1 cucharada de vinagre, de cualquier tipo

1 cucharadita de hojuelas de chile

un poco de hojas frescas de tomillo

1 Corta cada cebolla por la mitad, del extremo superior a la base, pélala y luego córtala en rebanadas de media luna con un grosor de aproximadamente ¼ pulgada (o menos). Funcionarían bien las rebanadas grandes ya que las vas a cocinar por muchísimo tiempo. Rebana el ajo también.

2 Derrite la mantequilla a fuego medio en una olla grande. Agrega la cebolla, el ajo y las hojas de laurel. Ponle la tapa a la olla y espera a que las cebollas suelten mucho líquido, lo que tomará unos 10 minutos. Revuelve.

3 Cocina de 1 a 1 ½ hora revolviendo cada 20 minutos. Cuando las cebollas del fondo empiecen a pegarse y a ennegrecerse, agrega un poco de agua para despegarlas. No te preocupes, que no se están quemando, solo caramelizándose. El agua sirve para despegar la sabrosa y pegajosa parte dulce.

4 Una vez estén bien oscuras las cebollas y se encuentran reducidas a las tres cuartas partes de su volumen, agrega 8 tazas de agua, la sal y la pimienta. Deja hervir y tapa la olla otra vez; reduce el fuego a bajo y mantén un hervor suave una hora más.

5 Prueba la sopa y ponle sal y pimienta según haga falta y, a continuación, usa un cucharón para verter la sopa en tazones. Deshazte de las hojas de laurel.

6 ¡Ya es hora de preparar el pan tostado con queso! Si deseas la clásica sopa de cebolla a la francesa—con el pan tostado directamente en la sopa, lo que lo pone aguado—coloca un pedazo de pan sobre cada tazón de sopa (¡a prueba de horno!), espolvoréalo con queso y, a continuación, pon los tazones debajo del asador del horno de 2 a 5 minutos o hasta que burbujee el queso. Si no te gusta el pan tostado aguado, solo tienes que asar el pan tostado con queso en el horno y servirlo a un lado para sopearlo (mojarlo).

SI VAS A UTILIZAR CUALQUIERA DE LOS AGREGADOS, añádelos con el agua (o caldo) del Paso 4. El caldo de carne de res es el tradicional y hará más suculenta la sopa. El vinagre le da un toquecito de acidez, lo que le dará un toque más intenso. Las hojuelas de chile o el tomillo le dan otra dimensión a la sopa.

Calabaza butternut con un toque al curry

La calabaza es una maravillosa verdura para preparar sopas: Es sabrosa y tiene una textura divinamente suave ya cocida y hecha puré. Sírveles esta sopa a quienes piensan que no les gusta la calabaza o el curry, y los harás cambiar de opinión. Puedes utilizar cualquier tipo de calabaza de invierno en vez de la butternut—a mí me gusta la butternut simplemente porque se deja pelar y picar más rápido que sus muchas primas. PARA 4

---

1 calabaza butternut o la cantidad equivalente u otro tipo de calabaza de invierno (unas 2 libras)

1 cucharada de mantequilla

1 cebolla mediana, picada

1 pimiento verde, sin cabito ni semillas y picado

3 dientes de ajo, finamente picados

1 cucharadita de comino molido

1 cucharadita de semillas de cilantro o coriandro molidas

1 cucharadita de cúrcuma molida

½ cucharadita de pimienta roja (de Cayena)

1 lata de leche de coco, con 2 cucharadas reservadas para la decoración

sal y pimienta, al gusto

AGREGADOS

crema agria

cebollitas verdes picadas

cilantro fresco picado

1 Para preparar la calabaza, pela la piel dura con un pelador de papas. Corta la calabaza por la mitad a lo largo utilizando un cuchillo de chef filoso y, luego, retira las semillas y la sustancia viscosa. (De así desearlo, las semillas las puedes guardar para preparar un sabroso bocadillo (snack) en otra ocasión—ver página 52.)

2 Recórtale el tallo y la parte más baja de la base y deshazte de ellos. Coloca las mitades de calabaza boca abajo en una tabla para cortar. Pica cada mitad en rebanadas de ½ pulgada y, a continuación, corta las rebanadas en cubos.

3 Derrite la mantequilla a fuego medio en una olla grande. Agrega la cebolla, el pimiento y el ajo y sofríelos unos 2 minutos o hasta que estén translúcidos.

4 Agrega los cubos de calabaza, el comino, el coriandro, la cúrcuma y la pimienta y revuelve. Tapa la olla y cocina por 2 minutos o más. Agrega la leche de coco y 3 tazas de agua y revuelve.

5 Hierve la sopa y, a continuación, reduce el fuego a bajo y deja cocinar la calabaza hasta que se suavice, lo que tomará unos 30 minutos. Prueba la sopa y agrega sal y pimienta según haga falta. Las sopas usualmente requieren bastante sal para despertar los sabores, así que da muestras de generosidad.

6 Si tienes una batidora de inmersión, puedes hacer puré la sopa de la olla. Si tienes una licuadora, espera hasta que se haya enfriado la sopa para ponerla en la licuadora. Hazla puré hasta obtener una consistencia homogénea y agrega más sal y pimienta según haga falta. Disfruta de la sopa tal cual o rocíala con la leche de coco que reservaste o con un copo de crema agria, además de con cebollitas verdes o cilantro picados.

Sopa de tomate con sándwich tostado de queso

Si fuera mi decisión, esta sería mi última comida en la tierra. Una de las primeras veces que yo "cociné" sola, cuando tenía unos diez años, fue al abrir una lata de sopa de tomates. Me sentí como un adulto. Ahora que sé lo fácil que es prepararla toda desde el principio, ya ni me molesto con esas cuestiones enlatadas. Y si tu familia se parece en algo a la mía, prepararles un sándwich tostado de queso te dará todavía más prestigio y apreciación que una cena de cuatro platillos por la cual te esclavizaste.

Según yo, todo lo bueno y sencillo, delicioso y reconfortante, se encuentra en una cremosa sopa de tomate y en un crujiente sándwich tostado de queso.

Esta receta rinde cinco sándwiches, así que modifícala de acuerdo a tu situación. Utiliza un buen queso para derretir, o una mezcla de quesos. Si solo tienes los extremos de unos pocos quesos que sobraron de otras comidas, sería estupendo utilizarlos de esta manera. Para el pan, me gusta el de centeno, pero cualquiera estaría bien. **PARA 5**

La sopa

1 cucharada de mantequilla

2 cebollas medianas, picadas

4 dientes de ajo, finamente picados

2 latas (28 onzas cada una) de tomates en puré (ver recuadro)

6 tazas de caldo de verduras (hecho en casa sería genial, pero un cubo de caldo disuelto en agua funciona muy bien)

sal y pimienta, al gusto

AGREGADOS

½ taza de crema espesa, para preparar la sopa crema de tomate

hojas de 2 ramitas de tomillo fresco

2 cucharadas de albahaca fresca picada

cáscara rallada de 1 limón amarillo

1 Derrite la mantequilla a fuego medio en una olla grande. Agrega las cebollas, revuélvelas, tapa la olla y déjalas cocinar por 5 minutos. Destapa la olla y revuelve. Agrega el ajo, vuelve a tapar cocinando las cebollas unos 2 minutos o hasta que se suavicen y empiecen a dorarse.

2 Agrega el puré de tomates y el caldo de verduras a la olla y revuelve, asegurándote de raspar las cebollas que se peguen en el fondo para que no se quemen. Hierve la sopa, baja el fuego y mantén un hervor suave durante 10 minutos.

3 Prueba la sopa y agrega sal y pimienta según haga falta. Agrega la crema, las hierbas o la cáscara rallada, si las vas a usar. Para obtener una sopa de consistencia homogénea, utiliza una batidora de inmersión para moler las cebollas directamente en la mezcla de tomates. Si usas una licuadora, espera a que se enfríe la sopa antes de licuarla.

YO PREFIERO moler tomates enteros de lata utilizando una licuadora o un procesador de alimentos—la calidad es mejor que la de los que ya vienen enlatados hechos puré.

Los sándwiches

mantequilla ablandada, para el pan

10 rebanadas de pan

mostaza de Dijon (opcional)

2½ tazas de queso rallado (ver nota introductoria)

1 Esparce la mantequilla en uno de los lados de cada rebanada de pan llegando hasta el borde.

2 Dales vuelta a 5 rebanadas para que la mantequilla quede hacia abajo y úntales la mostaza por arriba, si la vas a usar, y, a continuación ponles ½ taza de queso aproximadamente. Ponle a cada una de tus rebanadas con queso otra rebanada de pan, con la mantequilla hacia arriba.

3 Calienta un sartén a fuego medio durante 1 minuto aproximadamente (ver recuadro). Mete en el sartén cuantos sándwiches quepan. Por lo general, yo no preparo más de 3 a la vez para tener espacio para voltearlos.

4 Fríe los sándwiches unos 2 minutos o hasta que estén bien doraditos. Aplástalos con cuidado para que se doren de forma pareja. Dales vuelta con una espátula y repite el procedimiento por el otro lado. Aplástalos otra vez para asegurarte de que se derrita el queso del medio. Si alguno de los lados todavía no está tan doradito como quisieras, ponlo de nuevo boca abajo y cocínalo un poco más.

5 Una vez se dore y se derrita el queso del medio, sirve el sándwich con la sopa. Sopearlo (mojarlo) es opcional.

SI EL FONDO DEL SARTÉN ESTÁ DEMASIADO CALIENTE, el sándwich se quemará antes de que se derrita el queso, así que empieza a fuego medio y redúcelo según haga falta. Tapa el sartén para que quede atrapado parte del vapor y se derrita el queso más rápido.

Ensalada de piña, dulce o no dulce

La piña es tan dulce, jugosa y crujiente que te cautivará con su ácido sabor cítrico sin que te des cuenta de cuando ocurrió—de repente te das cuenta que ya no sientes tus labios, ¡ni la boca! Por lo general la piña enlatada rara vez tiene un sabor tan fuerte y ácido como el de la fresca, pero es práctica y económica—y además, viene con jugo. Aquí te presento dos rápidas y sencillas maneras de realzar el sabor de una simple lata de piña. La versión dulce sirve para preparar un postre, un bocadillo o hasta un buen agregado para yogur, todos estupendos. La versión no dulce sabe rica por sí sola, casi como una salsa de piña. Disfrútala con mariscos o con carne de cerdo, o con frijoles en un taco. PARA 2 COMO PLATO DE ACOMPAÑAMIENTO

Dulce

1 lata de piña (ananá), en su jugo

1 cucharada de azúcar

cáscara rallada de ½ limón verde (lima)

sal, una pizquita

No dulce

1 lata de piña (ananá), en su jugo

1 cucharada de chile rojo finamente picado

2 cucharadas de cilantro fresco picado

sal, al gusto

1 Abre la lata de piña. Escurre el jugo dentro de un vaso ¡y a beber se ha dicho!

2 Si la piña viene cortada en pedazos, simplemente ponla en un tazón. Si viene en aros, pícala primero en trozos del tamaño de un bocado.

3 Agrega el resto de los ingredientes para preparar una ensalada, sea la dulce o no. Revuelve y prueba la ensalada. No te olvides de la sal al preparar la dulce—realza el sabor dulce de la piña ácida. Modifícala al gusto, y sírvela.

Ensalada César con kale

La kale (la conocemos como col rizada o col berza) de esta receta recibe el trato que se le da a la lechuga romana en la clásica ensalada César, no en la cremosa versión moderna. El sabor agrio de las verduras resulta delicioso junto al rico y grasoso aderezo. Puedes utilizar acelga suiza (Swiss chard). Si te preocupa, omite el huevo crudo del aderezo. Y prepara los crutones (cuscurrones) primero—toman más tiempo. PARA 2, O 4 COMO PLATO DE ACOMPAÑAMIENTO

1 yema de huevo cruda, la de un huevo fresco de alta calidad

2 cucharaditas de jugo de limón amarillo

2 cucharaditas de mostaza de Dijon

3 cucharadas de aceite de oliva

sal y pimienta, al gusto

1 manojo grande de kale (col rizada)

Crutones (página 158), unas 2 tazas

queso romano recién rallado

AGREGADOS

1 diente de ajo, rallado

1 filete de anchoa, picado

1 Pon la yema en un tazón para mezclar grande. Agrega el jugo de limón, la mostaza y el ajo y la anchoa en caso de que los vayas a usar. Usa un batidor de alambre para batir el aderezo rápidamente hasta obtener una consistencia ligera y espumosa. Agrega despacio el aceite de oliva mientras lo vas batiendo. Una vez quede todo bien mezclado, agrega la sal y la pimienta y ajusta el sabor a tu gusto. A mí me gusta con mucho limón.

2 Retira el tallo grande del centro de las hojas de kale. Los tallos de la lacinato kale, a veces llamada toscana o dinosaurio, son los más fáciles de retirar. Corta las hojas por la mitad a lo largo y, a continuación, córtalas en tiras. Este método disfraza la dura textura de la kale.

3 Revuelve la kale en el tazón para recubrirla con el aderezo. Resérvala y déjala reposar 10 minutos, o déjala en el refrigerador por un máximo de 4 horas. La kale se suavizará mientras se marina.

4 Antes de servir, espolvorea la ensalada con los crutones y con un poco (¡o más!) de queso romano, de acuerdo a tu gusto.

Ensalada de berenjena asada

La mayor queja de los que detestan la berenjena y que a menudo citan es lo muy blanda que es su textura. Pues, esta ensalada te resuelve. La berenjena asada al horno tiene una textura crujiente y sustanciosa, y el aderezo tahini hace que la ensalada quede rica y cremosa. Para transformarla de plato de acompañamiento a ensalada de almuerzo, ponle unas cuantas papas asadas o garbanzos. PARA 2 COMO PLATO DE ACOMPAÑAMIENTO

1 berenjena mediana, rebanada en rodajas

1 cucharada de tahini (mantequilla de ajonjolí/sésamo)

1 cucharada de jugo de limón amarillo

sal y pimienta, al gusto

cebollitas verdes picadas

AGREGADOS

un poco de hojuelas de chile

eneldo fresco finamente picado

papas asadas

garbanzos

1 Sube la temperatura del asador del horno (*broiler*) a fuego alto. Acomoda las rodajas de berenjena en una charola (bandeja) para hornear y, a continuación, ponlas debajo del asador de 3 a 8 minutos, dependiendo de la potencia del asador. (En caso de que desees que se ennegrezca un poco la berenjena, ponla lo más cerca posible del asador.) Estate atento. Una vez empiece a ennegrecer la berenjena, retírala del horno y voltea las rodajas.

2 Repite el proceso con las rodajas volteadas. Una vez la berenjena se ennegrezca y como deseas, pícala en pedazos tamaño bocado.

3 En un tazón mediano, mezcla el tahini, el jugo de limón y las hojuelas de chile, si decides usarlas, y revuelve con abundante sal y pimienta. Agrega la berenjena y revuelve. Agrega más sal o jugo de limón a tu gusto. Ponle las cebollitas, o eneldo, si está disponible, ¡y a servir se ha dicho!

Ensalada de betabeles y garbanzos

Este plato es picante, crujiente y ciertamente la ensalada más rosada ¡que hayas comido en tu vida! No tengas miedos. PARA 2 COMO PLATO DE ACOMPAÑAMIENTO

$1.75 / PORCIÓN
$3.50 TOTAL

2 a 3 betabeles (remolachas)

1 taza de garbanzos, cocidos o de lata, escurridos

3 cucharadas de cacahuates (maníes)

ADEREZO

1 cucharada de jugo de limón verde (lima) fresco

1 cucharadita de salsa de chile

1 cucharada de aceite de oliva

sal y pimienta, al gusto

1 Pela los betabeles crudos, quitándoles los tallos en caso de ser necesario, y, a continuación, rállalos con un rallador cuadrado (de cuatro caras). Ya rallados, coloca los betabeles en un tazón mediano junto con los garbanzos y los cacahuates.

2 Revuelve el jugo de limón, la salsa de chile, el aceite de oliva y la sal y pimienta en un tazón pequeño para preparar el aderezo. Pruébalo y ajusta la sal y la pimienta a tu gusto.

3 Agrega el aderezo al tazón de los betabeles y revuélvelo para que se combine. Deja reposar la ensalada unos 5 minutos para que los sabores impregnen las verduras y se combinen los jugos de los betabeles con el aderezo.

La siempre popular ensalada de papas

Elaboré esta receta porque no soy tan fanática de las ensaladas a base de mayonesa. Es de verdad sencillísima: solo papas en una vinagreta regular. Sale mejor con papas pequeñas, pero quedará bien ¡con lo que tengas! Puedes agregar todo tipo de extras para hacerla más festiva, pero la gente siempre la pone por el cielo tal cual. El secreto es que las papas en efecto tienen un sabor de verdad muy rico—lo único que tienes que hacer es sazonarlas adecuadamente. Deja que las papas sean papas, y ¡no las disfraces!

Si tienes sobrantes de papas asadas u otro tipo de verduras de raíz, quedarán bien siguiendo la misma idea. Haz caso omiso de la parte de cocinar y ve directamente al aderezo en el paso 5. PARA 4 COMO PLATO DE ACOMPAÑAMIENTO

---

2 libras de papas

2 cucharadas de aceite de oliva

2 cucharadas de jugo de limón amarillo, limón verde (lima) o vinagre

2 cucharaditas de mostaza de Dijon

sal y pimienta, al gusto

3 a 4 cebollitas verdes

AGREGADOS

eneldo fresco picado

perejil fresco picado

páprika

chiles frescos finamente picados

pepinillos finamente picados

1 Si vas a usar papas bien grandes, córtalas por la mitad o en cuartos para acelerar la cocción—o córtalas en cubos del tamaño de un bocado si de verdad tienes prisa. Si no, déjalas enteras.

2 Pon las papas en una olla grande con tapa y échales agua hasta sumergirlas. Hiérvelas a fuego medio-alto y,

a continuación, reduce el fuego a medio y pon la tapa medio sesgada para que escape el vapor.

3 Después de hervir unos 25 minutos, pincha la más grande con un tenedor. La papa ya terminó de cocerse si el tenedor la perfora con facilidad. Si no, déjala hervir 5 minutos más. Está bien si se cocinan un poco de más, pero las papas medio crudas son malísimas.

4 Escurre las papas. Cuando ya se hayan enfriado lo suficiente para manipularlas con seguridad (pero todavía calientes), córtalas más o menos en pedazos del tamaño de un bocado (a no ser que ya lo hayas hecho en el Paso 1).

5 En lo que se enfrían las papas, mezcla el aceite de oliva, el jugo de limón amarillo, la mostaza, la sal y la pimienta en un tazón grande. Usa un batidor de alambre para mezclar esta preparación rápidamente hasta que

quede combinado el líquido. En caso de no tener un batidor de alambre, utiliza un tenedor.

6 Pon las papas en el tazón y revuélvelas para recubrirlas con el aderezo. Agrega una generosa cantidad de sal mientras las vas revolviendo. ¡Sin sal quedan sosas las papas! Déjalas marinar durante 10 minutos.

7. Mientras tanto, retira la capa exterior y todas las secciones blandas de la parte superior de las cebollitas para poder picarlas y espolvorearlas en la ensalada. Revuelve la ensalada una vez más (junto con los agregados que estés utilizando) y luego pruébala para ajustar la sal, la pimienta y el jugo cítrico o el vinagre según te parezca. Tapada se conserva muy bien en el refrigerador por un máximo de una semana, y sirve muy bien para llevar a pícnics o *potlucks* (comidas en que todos cooperan con algo). ¡Diviértete!

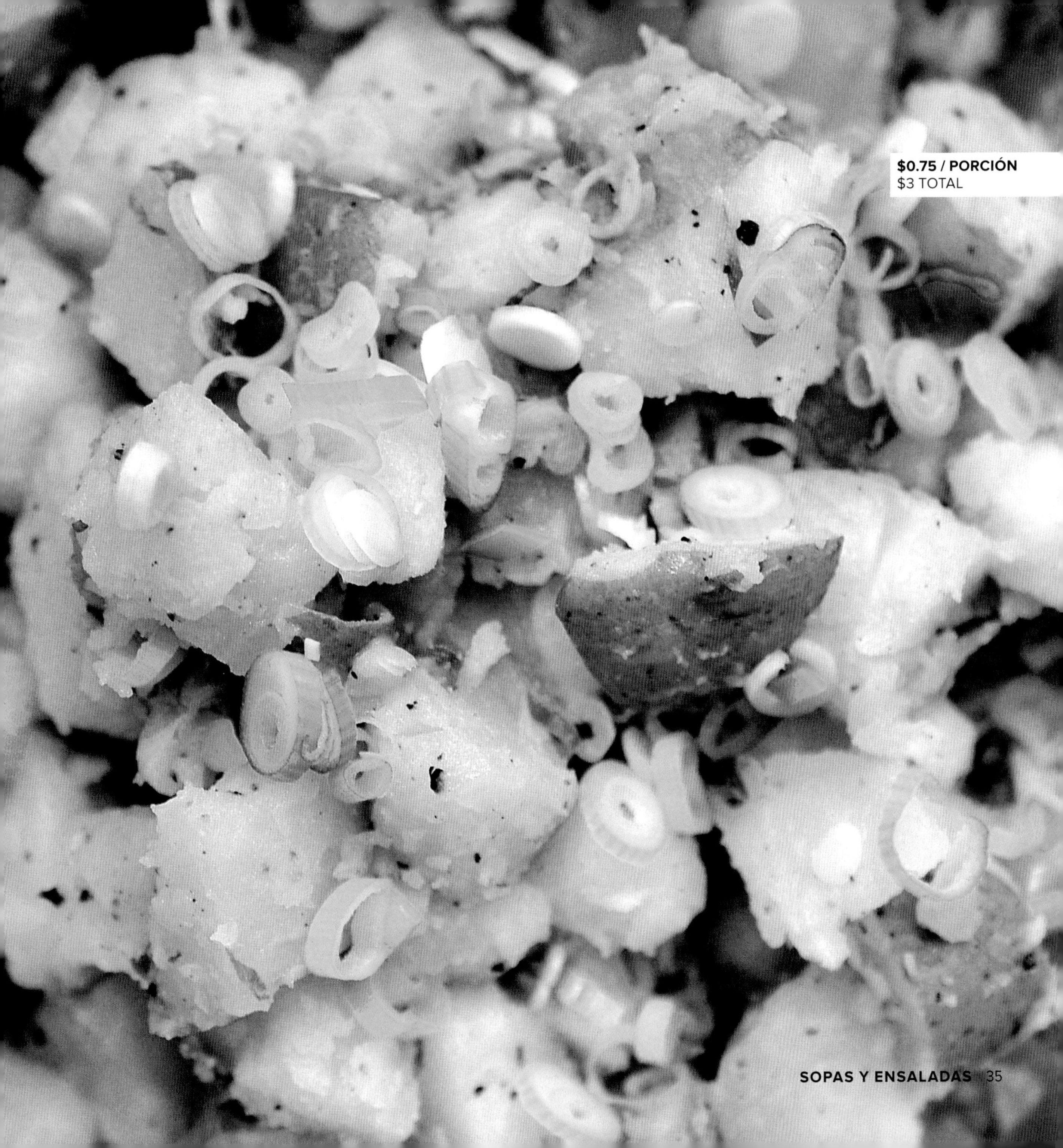

$0.75 / PORCIÓN
$3 TOTAL

Ensalada panzanella picante

A Jorge, un antiguo compañero de clases mío, le gustan las ensaladas un poco picantes. (Como habrás notado, ¡a mí también!) En busca de inspiración, recurrí a la panzanella, la clásica ensalada italiana de pan y tomate. Los italianos son verdaderos maestros en hacer que los sobrantes sepan deliciosos. En esta receta, el pan viejo duro absorbe el jugo de tomate y el aderezo y resulta en una sabrosa y sustanciosa ensalada. Puedes incorporar todo tipo de verdura o de fruta, siempre y cuando sean jugosas. Ni los pimientos ni las zanahorias saldrían bien, pero los duraznos (melocotones), las uvas y las calabacitas (zucchini) sí. Si no te gustan las ensaladas tan picantes como a Jorge y a mí, tienes toda la libertad de quitarles las semillas y las venas a los jalapeños para que no sean tan picantes, o utiliza ajos o chalotas en vez. PARA 4 COMO PLATO DE ACOMPAÑAMIENTO

---

2 pepinos (de campo abierto)
    pequeños o 1 pepino estilo inglés
2 tomates medianos, picados
sal y pimienta, al gusto
4 rebanadas de pan del día anterior

ADEREZO
2 cucharadas de aceite de oliva,
    y unas cuantas gotas para el pan
1 chile jalapeño, finamente picado
2 cucharadas de tomate picado
sal y pimienta, al gusto
jugo de 1 limón verde (lima)

AGREGADOS
hierbas frescas picadas
duraznos (melocotones), nectarinas o
    ciruelas picados
cebolla morada finamente picada
calabacita (zucchini) o calabaza de
    verano picadas
aceitunas sin hueso
uvas

1 Si vas a usar pepinos regulares de campo abierto—que suelen ser más baratos que los ingleses—pélalos para que no tengan esa cáscara dura. No hay necesidad de pelar los pepinos ingleses.

2 Reserva unas 2 cucharadas de tomates picados para utilizarlos en el aderezo y pon el resto de los tomates y todos los pepinos en un tazón grande. Espolvoréalos generosamente con sal y pimienta; la sal sirve para que suelten sus jugos. Revuelve las verduras y resérvalas.

3 Calienta una cacerola pequeña a fuego medio y agrega unas cuantas gotas de aceite de oliva. Agrega el chile jalapeño y sofríelo un minuto o hasta que chisporrotee y tenga un buen olor, y, a continuación, agrega el resto del tomate picado y una cucharada de agua. Cocina el tomate unos 2 minutos más o hasta que suelte su líquido. Condiméntalo generosamente con sal y pimienta.

4 Una vez evaporada el agua, apaga el fuego y vierte la preparación de jalapeño y tomate sobre la tabla para cortar. Pícalos en trocitos bien finos y, a continuación, ponlos de vuelta en la cacerola—sin prender el fuego—con el jugo de limón y con 2 cucharadas de aceite de oliva. Prueba la sopa y agrega sal y pimienta según haga falta. ¡Tu aderezo ya está listo!

5 Pica o parte el pan en pedazos tamaño bocado y, a continuación, tuéstalo a fuego medio en un sartén revolviéndolo de vez en cuando hasta que los pedazos se tuesten por todos los lados. O si no, tuesta las rebanadas de pan enteras en la tostadora y pártelas después, u olvídate de tostar el pan si ya está muy duro.

6 Agrega el pan y el aderezo a las verduras y revuélvelos hasta que se combinen. Prueba la ensalada y ajusta la sal y la pimienta una vez más. Deja reposar la ensalada durante unos cuantos minutos de modo que el pan absorba el líquido, ¡y a servir se ha dicho!

Fideos asiáticos fríos (¿y picantes?)

No hay duda alguna—los alimentos fríos y picantes son refrescantes y deliciosos en los cálidos días de verano. Esta receta de veras se presta para que la prepares a tu gusto. Utiliza la salsa o el aderezo que sea y las verduras que tengas a tu alrededor, o tan solo unas cuantas cebollitas verdes. Si tienes algo de Aceite Aromatizado con Especias (página 151) a la mano, asegúrate de agregarlo. Resulta sorprendente en este plato. PARA 2, O 4 COMO PLATO DE ACOMPAÑAMIENTO

12 onzas de espaguetis secos, fideos soba (de trigo sarraceno) o cualquier tipo de fideo oriental

2 cucharadas de salsa de soya (soja)

1 manojo de cebollitas verdes, picado

1 pepino, finamente picado

sal y pimienta, al gusto

AGREGADOS

Aceite Aromatizado con Especias (página 151)

Salsa de Cacahuate (página 143)

zanahoria rallada

huevo duro picado

1 Prepara los fideos según las instrucciones del paquete. Enjuágalos bajo un chorro de agua fría y escúrrelos en un colador.

2 Ponlos en un tazón y agrega la salsa de soya, el Aceite Aromatizado con Especias en caso de tenerlo, las cebolletas y el pepino (y cualquier otro agregado), y mézclalos utilizando un tenedor o tenazas. Prueba los fideos y condiméntalos con sal y pimienta o con más Aceite Aromatizado con Especias según haga falta.

3 Si puedes, deja los fideos reposar en el refrigerador durante 1 hora aproximadamente. Los sabores se combinarán y se pondrán más intensos. El plato ya preparado debe de conservarse bien por un máximo de 3 días tapado en el refrigerador. Genial almuerzo para preparar con anticipación.

Ensalada de taco

Esta ensalada es una forma estupenda de utilizar los sobrantes de frijoles o de carne de cerdo deshebrada—crujiente, fresca y, sin embargo, lo suficientemente sustanciosa para ser una comida entera. A mí me gusta preparar la ensalada de taco para almorzar durante los fines de semana de verano. PARA 2, O 4 COMO PLATO DE ACOMPAÑAMIENTO

4 tazas de lechuga picada

1 taza de frijoles cocidos, carne de cerdo deshebrada o carne molida de res

2 tomates pequeños, picados

½ taza de granos de elote (maíz, choclo) enlatados o frescos

2 o 3 cebollitas verdes, finamente picadas

1 taza de totopos (chips de tortilla), triturados en trozos grandes

½ taza de queso cheddar fuerte rallado o queso fresco desmoronado

ADEREZO

¼ taza de crema agria o de yogur

jugo de 1 limón verde (lima)

sal y pimienta, al gusto

AGREGADOS

pepino picado

jalapeño picado (sin las semillas para que quede menos picante)

pimientos, sin cabitos ni semillas y picados.

zanahorias ralladas

Salsa Fresca (página 145)

1 Mezcla la lechuga, los frijoles, los tomates, el elote, las cebollitas, los totopos, el queso y cualquier otro agregado en un tazón grande.

2 En un tazón pequeño, mezcla la crema agria con el jugo de limón, la sal y la pimienta. Pruébala y ajusta la sal, la pimienta y el jugo de limón a tu gusto.

3 Antes de servir, vierte el aderezo sobre la ensalada y revuelve la ensalada hasta recubrirla. Come de inmediato, quizás con unos cuantos totopos extras al lado.

Ensalada veraniega chamuscada

Gina, una de las primeras personas que apoyaron este libro, no puede comer gluten y quería más opciones de inspiración mexicana. Creé esta picante ensalada veraniega, con palomitas de maíz (*popcorn*) para darle esa textura crujiente de los crutones (cuscurrones). Utiliza las calabacitas (zucchini) más pequeñas, y guarda las grandes para preparar los Muffins de Calabacita con Chocolate (página 16). Si tienes parrilla, ¡utilízala en vez del asador del horno! PARA 2, O 4 COMO PLATO DE ACOMPAÑAMIENTO

---

3 calabacitas (zucchini) pequeñas o
  2 medianas
2 elotes (mazorcas de maíz, choclos)
1 cucharada de aceite de oliva o
  vegetal
sal y pimienta, al gusto
2 onzas de queso cotija o feta
  desmoronado
1 taza de Palomitas de Maíz (página 54)

ADEREZO
jugo de 1 limón verde (lima)
1 cucharada de aceite de oliva
½ cucharadita de chile en polvo,
  y más para espolvorear
sal y pimienta, al gusto

1 Sube la temperatura del asador del horno (*broiler*) a fuego alto.

2 Recorta los dos extremos de las calabacitas y, a continuación, rebana cada una en cuatro palitos largos. Quítales las hojas y el pelo a los elotes. Pon las calabacitas y los elotes en una charola (bandeja) para hornear y, a continuación, frótalos con el aceite, asegurándote de que queden bien recubiertos. Condiméntalos con sal y pimienta.

3 Asa las calabacitas y los elotes de 2 a 5 minutos, dependiendo de lo potente que sea el asador. Las calabacitas deben de empezar a ennegrecerse en algunas partes. ¡Y qué bueno que así sea! Voltea los elotes según haga falta (¡pero las calabacitas no!) para que se cocinen de forma pareja. Asa las verduras de 2 a 5 minutos más o hasta que se chamusquen un poco. Déjalas reposar.

4 Para preparar el aderezo, mezcla el jugo de limón verde, el aceite de oliva, el chile en polvo, la sal y la pimienta en un tazón grande. Pruébalo y ajusta los condimentos en caso de hacer falta.

5 Pica las calabacitas en pedazos tamaño de bocado y desgrana los elotes (ver recuadro).

6 Pon las verduras en el tazón del aderezo. Agrega el queso cotija o feta y revuélvelo bien. Espolvorea las palomitas desde arriba y, a continuación, espolvoréalas con un poco más de chile en polvo, sal y pimienta.

PARA DESGRANAR EL ELOTE, sostenlo por el tallo en posición vertical dentro de un tazón grande. Apoya el otro extremo del elote en el fondo del tazón. Utiliza un cuchillo filoso para desprender los granos del elote deslizándolo hacia abajo hasta que la muñeca llegue al borde del tazón. Desgrana el elote todo alrededor. Voltéalo verticalmente y desprende los granos que se te pasaron cerca del extremo puntiagudo.

Ensalada de repollo con cacahuates

La idea de preparar esta receta me llegó de una maravillosa lectora, Karen. El repollo (col) ablandado conserva su textura crujiente y su frescura durante varios días, mientras que la lechuga regular para ensaladas se pone fea en cuanto se le pone el aderezo. (La kale o col rizada se comporta de la misma manera que el repollo—¡esa es una de las razones por la que a mí me encanta la ensalada de kale de la página 31! Esta ensalada queda mejor cuando se pone a marinar de un día al otro en el rico sabor agrio del aderezo. Solo asegúrate de agregar los cacahuates (maníes) poco tiempo antes de servir para que no se pasen. PARA 4 COMO PLATO DE ACOMPAÑAMIENTO

1 repollo (col) mediano,
   finamente picado

1 cucharada de sal

½ taza de cacahuates (maníes) crudos

½ manojo de cebollitas,
   finamente picadas

ADEREZO

2 cucharadas de aceite de oliva

2 cucharadas de vinagre de arroz o
   de jugo de limón amarillo

sal y pimienta, al gusto

AGREGADOS

zanahoria rallada

manzana finamente picada

semillas de ajonjolí (sésamo)

unas cuantas gotas de aceite de
   ajonjolí

1 Revuelve el repollo con la sal en un tazón grande. Coloca algo pesado sobre el repollo, como una olla (del tamaño que quepa en el tazón). El peso, junto con la sal, estimula la expulsión de la humedad del repollo. Déjalo reposar 2 horas. Este método eliminará algo de la acidez del repollo pero conservará su textura crujiente.

2 Pon los cacahuates en un sartén sin amontonarlos y tuéstalos a fuego medio, revolviéndolos y moviéndolos de vez en cuando por unos 5 minutos o hasta que se doren un poco por todos los lados. Otra opción sería esparcirlos sobre una charola para hornear y asarlos con el asador durante unos 2 minutos. Estate pendiente para que no se quemen. Debes hacer que queden lindos y doraditos. Espolvorea los cacahuates tostados con un poco de sal y resérvalos.

3 Combina el aceite de oliva, el vinagre de arroz, la sal y la pimienta en un tazón pequeño. Revuélvelos y pruébalos. Ajusta la sal y la pimienta de la manera que desees. Recuerda que el repollo ya está salado, así que no te hará falta poner demasiada sal en el aderezo.

4 Transcurridas las 2 horas, vuelve a revolver el repollo con las manos. El repollo preparado de esta manera se conservará bien durante varios días. Antes de servir, agrega las cebollitas, los cacahuates y el aderezo. Revuelve la ensalada, pruébala y ajusta los condimentos según te parezca.

$0.80 / PORCIÓN
$3.20 TOTAL

Ensalada de brócoli y manzana

El sabor amargo del brócoli sabe delicioso junto al dulce sabor agrio de las manzanas. ¡Con mucha textura crujiente también! Si deseas un plato más suculento y cremoso, haz la receta con el aderezo de yogur. PARA 4 COMO PLATO DE ACOMPAÑAMIENTO

---

1 cabeza grande de brócoli (brécol) con el tallo

2 manzanas

ADEREZO

jugo de 1 limón amarillo

1 cucharada de aceite de oliva

sal y pimienta, al gusto

ALTERNATIVA DE ADEREZO DE YOGUR

1 cucharada de yogur

1 cucharadita de aceite de oliva

1 cucharadita de jugo de limón amarillo

1 cucharadita de eneldo fresco picado

sal y pimienta, al gusto

1 Rebana el tallo del brócoli en rodajas de ⅛ pulgada. Si no puedes rebanarlas así de finas, no te preocupes, pero si tienes la paciencia, ¡entre más finas mejor! Una vez llegues hasta la corona del brócoli, recorta los floretes y rebánalos lo más fino que puedas. Pon el brócoli en un tazón.

2 Corta las manzanas en dos, quítales el corazón y coloca las mitades boca abajo sobre la tabla de cortar para que se te haga más fácil rebanarlas. Rebánalas en pedazos de ⅛ pulgada y ponlas en el tazón del brócoli.

3 Mezcla el jugo de limón, el aceite de oliva, la sal y la pimienta en un tazón pequeño. Prueba este aderezo y condiméntalo con más sal y pimienta según te parezca.

4 Vierte el aderezo sobre el brócoli y las manzanas y revuelve todo.

> **SI PONES LOS PLATOS EN EL REFRIGERADOR** durante 10 minutos antes de servir, la ensalada permanecerá crujiente por un poco más de tiempo.

BOCADILLOS, PLATOS DE ACOMPAÑAMIENTO Y ANTOJITOS

Picadillo de coles de Bruselas con huevo

Este sencillo plato es genial para el brunch, un almuerzo ligero o un plato de acompañamiento. Las coles de Bruselas adquieren un sabor asado y fuerte debido a las aceitunas y al limón y, luego, se ponen crujientes y caramelizadas en el fondo. Incorpora el poco de grasa de la yema y sale requetesabroso. PARA 2, O 4 COMO PLATO DE ACOMPAÑAMIENTO

1 libra de coles de Bruselas

sal y pimienta, al gusto

1 cucharada de mantequilla

3 dientes de ajo, finamente picados

6 aceitunas, finamente picadas

2 huevos

jugo de limón amarillo, al gusto

1 Recorta los extremos de las coles. Córtalas por la mitad y, a continuación, pica las mitades en trocitos finos. Colócalos en un tazón—deberías terminar con unas 4 tazas—y espolvoréalos con la sal y la pimienta.

2 Derrite la mantequilla a fuego medio-alto en un sartén antiadherente con tapa, meneándolo para recubrirlo con la mantequilla. Agrega las coles de Bruselas y el ajo y, a continuación, deja que se cocinen 1 minuto aproximadamente o hasta que se suavicen un poco. Revuelve la mezcla. Agrega las aceitunas y revuelve denuevo.

3 Rompe los huevos y viértelos en el sartén sin que se toquen. Condiméntalos con sal y pimienta. Agrega 2 cucharadas de agua y pon la tapa. Deja que los huevos se cocinen al vapor, sin tocarlos, por unos 2 minutos o hasta que se terminen de cocinar las claras sin que dejen de estar líquidas las yemas.

4 Apaga el fuego y rocía el jugo de limón por encima de todo. Sirve el picadillo de inmediato.

$1 / PORCIÓN
$4 TOTAL

Elotes de elotero ambulante

Esta receta lleva elotes (mazorcas de maíz, choclos) dulces de verano frescos—lo que de por sí ya es increíble—e incluye sal y un toquecito picante y agrio para que sea toda una experiencia. Prepara los elotes en tu parrilla de exteriores, si tienes una, pero, en caso contrario, el asador del horno ¡es un gran atajo! Utiliza el tipo de chile en polvo que quieras como, por ejemplo, chile ancho o de Cayena. PARA 4 COMO PLATO DE ACOMPAÑAMIENTO

4 elotes (mazorcas de maíz, choclos)

4 cucharadas de mayonesa

½ taza de queso rallado, ya sea cotija, queso blanco, feta, romano o parmesano

un poco de chile en polvo

1 limón verde (lima), rebanado en cuñas

1 Sube la temperatura del asador del horno a fuego alto.

2 Quítales las hojas y los pelos a los elotes. Déjales los extremos verdes para poder agarrarlos por ahí de forma conveniente.

3 Coloca los elotes en una charola (bandeja) para hornear y ponlos debajo del asador de 2 a 3 minutos. Hazlos girar y repite el procedimiento hasta que se doren y queden tostados todo alrededor—lo que no ha de tomar más de 10 minutos en total.

4 Rápidamente, esparce una cucharada de mayonesa sobre cada elote, recubriendo todos los granos un poco. A continuación, espolvorea el queso sobre los elotes. Debe adherirse fácilmente a la mayonesa, pero es probable que te ensucies un poco.

5 Espolvorea el chile en polvo, pero no le pongas demasiado porque quedaría grumoso.

6 Ya por último, exprime el jugo de limón sobre los elotes ¡y sírvelos calientes!

Los frijoles al horno de mi padre

A mi padre le encantan los frijoles de la forma que sea. Esta es su receta para servirlos en su plato de forma rápida y sencilla sin que pierdan nada de su estupendo sabor. Los frijoles de mi padre se basan en frijoles al horno enlatados, pero mi versión utiliza los frijoles secos que quizás te sobraron de otra comida. Mi receta requiere un poco más de tiempo cocinando y picando para preparar la salsa, pero termina siendo menos cara debido a los frijoles secos. Las dos versiones saben de maravilla, así que utiliza la que te convenga más: la requete rápida y barata, o la rápida y más barata. **PARA 2, O 4 COMO PLATO DE ACOMPAÑAMIENTO**

2 cucharaditas de chiles chipotles
   en adobo con algo de su salsa,
   o cualquier tipo de salsa de chile

2 latas (13.5 onzas cada una) de
   frijoles al horno (*baked beans*)

2 cucharadas de mostaza

2 cucharadas de melaza o
   de azúcar morena

VARIACIONES

mostaza picante en vez de la regular

omite el chile chipotle

AGREGADOS

salsa

cebollitas verdes

cilantro fresco

aguacate (palta)

tomate (jitomate)

tocino (tocineta) desmoronado

trozos de jamón

1 Si vas a utilizar chile chipotle en adobo, pícalo en trocitos finos para asegurarte de que se distribuya bien.

2 Mezcla los chiles, los frijoles, la mostaza y la melaza en una olla y cocina a fuego medio de 2 a 5 minutos o hasta que los frijoles se terminen de calentar. Revuelve y sirve el platillo. O prepáralo todo en el microondas—¡funciona igual de bien!

3 Como plato de acompañamiento, sírvelo tal cual. Como una comida completa, sírvelo sobre arroz, en un pedazo de pan tostado, en un burrito, revuelto con huevos o salteado con cebollas y pimientos.

Y los míos

2 cucharaditas de chiles chipotles
   en adobo con algo de su salsa,
   o cualquier tipo de salsa de chile

3 tazas de frijoles pintos, colorados o
   negros, ya cocidos (página 165)

½ taza de tomates en puré o picados
   de lata, con su jugo

¼ cebolla, finamente picada

2 cucharadas de mostaza

2 cucharadas de melaza o
   de azúcar morena

Cocínalo todo en una olla a fuego medio hasta que espesen los jugos, lo que tomará unos 5 minutos. ¡Eso es todo!

$1.50 / PORCIÓN
$3 TOTAL

$0.85 / PORCIÓN
$3.40 TOTAL

Coliflor asada, ahumada y picantita

Asadas, las verduras siempre salen deliciosas, pero la coliflor al horno es algo mágico. Se pone tan crujiente y adquiere aun más sabor a nuez gracias a los condimentos de esta receta. Yo estoy contenta con tan solo cenar con un tazón de este plato, quizás hasta con un huevo por encima. PARA 4 COMO PLATO DE ACOMPAÑAMIENTO

---

1 cabeza (cogollo) de coliflor, con el tallo y los floretes cortados en pedacitos

2 dientes de ajo, sin pelar

1 cucharada de mantequilla, derretida

1 cucharadita de páprika ahumada

½ cucharadita de pimienta roja (de Cayena)

sal y pimienta, al gusto

1 Precalienta el horno a 400°F.

2 Acomoda la coliflor y el ajo en una asadera (fuente para horno) grande. Rocía la coliflor con la mantequilla y espolvoréala con la páprika, la pimienta roja y con generosas cantidades de sal y pimienta. Recubre la coliflor con la mantequilla y con los condimentos utilizando las manos.

3 Hornéala de 45 minutos a 1 hora o hasta que la puedas perforar con un cuchillo y los floretes empiecen a dorarse. Si te gustan las cosas extracrujientes y bien doraditas, hornea la coliflor toda una hora. Para servir, exprime el ajo asado por entre los floretes y deshazte de la piel.

$0.50 / PORCIÓN
$1 TOTAL

Crujientes garbanzos con pepitas

Guarda las pepitas (semillas) de tus calabazas, sean de invierno o no. Solo tienes que retirarlas de las partes jugosas de adentro y enjuagarlas. Espárcelas para secarlas en una superficie limpia o en el horno a la temperatura más baja durante 15 minutos. Ya secas, las puedes almacenar durante varias semanas. Cuando ya hayas acumulado una buena cantidad, tuéstalas y ¡buen provecho! Al igual que con las Palomitas de Maíz (página 54) estas semillas resultan estupendas con diferentes combinaciones de especias (página 149). Mi favorita es la que lleva media cucharadita de los siguientes ingredientes: cilantro, cúrcuma, comino y pimienta roja (de Cayena). **PARA 2 COMO PLATO DE ACOMPAÑAMIENTO**

1½ taza de garbanzos cocidos, escurridos

½ taza de pepitas (semillas de calabaza) de invierno o de la regular

1 cucharadita de mantequilla, derretida

1 cucharadita de sal

2 cucharaditas de cualquier combinación de especias molidas (ver nota introductoria)

1 Precalienta el horno a 400°F.

2 Pon los garbanzos, las pepitas, la mantequilla, la sal y las especias en un tazón. Revuelve para recubrir bien los garbanzos y las pepitas con las especias.

3 Esparce la mezcla en una charola (bandeja) para hornear en una sola capa.

4 Hornéala 20 minutos.

5 Retira la charola del horno y dales vuelta a los garbanzos y a las pepitas utilizando una espátula y asegurándote de que no se peguen mucho. Pon la charola de vuelta en el horno y cocina todo por unos 10 minutos más o hasta que quede crujiente y dorado.

6 Deja enfriar los garbanzos y las pepitas durante 10 minutos. Ponlos en un tazón y sírvelos.

Ejotes picantes

Cada vez que preparo estos ejotes (habichuelas verdes, chauchas) pienso lo mismo, "¿Por qué no como esto todos los días?" Ponles un huevo frito por encima, sírvelos sobre arroz y tendrás una deliciosa comida. Trata de conseguir la pasta de chile llamada *sambal oelek;* por lo general es fácil conseguirla y te encantará su arsenal de sabores. Es mi pasta de chile oriental que más me gusta con este plato. Tiene un agradable sabor puro, y (por lo general) no lleva vinagre ni ajo. PARA 2 COMO PLATO DE ACOMPAÑAMIENTO

$0.65 / PORCIÓN
$1.30 TOTAL

1 cucharadita de aceite vegetal

8 onzas de ejotes (habichuelas verdes, chauchas), con sus puntas recortadas y picados en pedazos tamaño bocado

2 dientes de ajo, finamente picados

1 cucharadita de salsa de soya (soja)

1 cucharadita de sambal oelek (pasta de chile)

AGREGADOS

1 cucharadita de jengibre rallado

1 cucharadita de jugo de limón amarillo (lemon)

1 Calienta un sartén para freír a fuego medio y agrega el aceite vegetal. Ya caliente, agrega los ejotes. Cocínalos sin estorbar durante 1 minuto aproximadamente.

2 Mezcla en un tazón pequeño el ajo, la salsa de soya, la sambal oelek y los demás ingredientes que vayas a agregar. ¡Esta es la salsa!

3 Después de 1 minuto, los ejotes deben de haberse puesto de un color verde brillante. Agrega aproximadamente ¼ taza de agua al sartén. Cocina los ejotes unos 2 minutos más hasta que se haya evaporado casi toda el agua.

4 Vierte la salsa en el sartén y revuelve los ejotes suavemente para recubrirlos. Cocina todo por 2 minutos o hasta que quede fragante y la mayor parte del líquido se haya evaporado. Pincha los ejotes con un tenedor: Si los atraviesa fácilmente, ya están.

5 Agrega más salsa de chile o de soya al gusto si quieres.

ideas
¡PALOMITAS DE MAÍZ!

Las palomitas de maíz (*popcorn*) son un bocadillo genial. Es fácil olvidarse de lo sencillo y barato que es prepararlas en casa cuando hay tantas variedades preempacadas disponibles por diez veces el precio.

Además es divertido hacer que los niños participen ya que la transformación es tan dramática y explosiva. ¡La ciencia! Personifica las palomitas agregando tus sabores favoritos. Los domingos por la noche cuando yo era chica, mi familia optaba por el queso parmesano y la pimienta negra.

Asegúrate de experimentar y de averiguar qué es lo mejor para ti. Te he sugerido unos cuantos agregados en la página opuesta. Esta receta rinde de 10 a 12 tazas de palomitas de maíz ya reventadas—lo que es suficiente para cuatro personas. ¡Cómetelas mientras estén todavía calientes!

Palomitas de maíz básicas

PARA 4 COMO PLATO DE ACOMPAÑAMIENTO

2 cucharadas de aceite vegetal
⅓ taza de maíz palomero sin reventar
2 cucharadas de mantequilla, derretida
sal, al gusto

1 Coloca sobre la estufa una olla grande con tapa hermética. Vierte dentro el aceite vegetal y, a continuación, agrega los granos. Pon la tapa y ajusta la temperatura a fuego medio.

2 Utiliza guantes térmicos de cocina para menear la olla de un lado al otro y asegurarte de que se distribuyen los granos de forma pareja en el aceite. Una vez empiecen a reventar, reduce la temperatura a fuego medio bajo y menéala otra vez.

3 Apaga la estufa una vez se reduzca el ritmo y sea de 5 a 10 segundos entre estallidos. Espera hasta que estés segura de que terminaron de reventarse y retira la tapa.

4 Vierte las palomitas en un tazón grande, rocíalas con la mantequilla y espolvoréalas con sal y con cualquier otro agregado. Revuelve las palomitas con cuidado para recubrirlas.

1. Cebollitas y cilantro bien picaditos

2. Cúrcuma y coriandro

3. Aceite Aromatizado con Especias (página 151)

4. Parmesano y pimienta negra

5. Pimienta roja y páprika ahumada

6. Azúcar morena y cáscara rallada de naranja

7. Chile en polvo y limón verde (lima)

8. Parmesano y orégano seco

Puré de betabeles

Preparar un puré de betabeles (remolachas, betarragas) es un poco diferente que preparar uno con otro tipo de raíz. Los betabeles contienen menos almidón, así que, por naturaleza, no se inflan tanto como otras verduras de invierno. Obtendrás resultados más homogéneos si utilizas un procesador de alimentos. Este puré es de color magenta eléctrico y sabe delicioso (aunque sabe igual de rico con trozos). **PARA 4 COMO PLATO DE ACOMPAÑAMIENTO**

---

sal, al gusto

4 betabeles (remolachas, betarragas)
   medianos

1 cucharada de mantequilla

3 dientes de ajo, finamente picados

¼ taza de caldo de pollo o de verduras

pimienta, al gusto

AGREGADOS

jugo de naranja en vez del caldo

eneldo

yogur o crema agria

vinagre

1 Hierve agua con sal en una olla. Agrega los betabeles, con su cáscara, y cocínalos hasta que los puedas pinchar fácilmente con un cuchillo, lo que tomará unos 40 minutos.

2 Escurre el agua y deja enfriar los betabeles durante 5 minutos.

3 Mientras tanto, derrite la mantequilla a fuego medio en un sartén. Sofríe el ajo hasta que huela de maravilla y se vuelva translúcido, pero sin dorarse, lo que tomará unos 2 minutos. Retíralo del fuego y resérvalo.

4 Ya fríos los betabeles, recórtales los tallos duros y pélalos. Debe ser bastante fácil ya que la cocción los habrá ablandado por fuera.

5 Corta los betabeles en cubitos y ponlos en un tazón o en un procesador de alimentos, junto con el ajo sofreído, el caldo y todo otro agregado. Procésalos o muélelos hasta obtener una consistencia homogénea. Prueba el plato y agrega sal y pimienta según haga falta.

Puré de coliflor

El puré de coliflor tiene un ligero sabor a nuez que absorbe los sabores que le agregues, al igual que en el caso de las papas. A diferencia de las papas, es más liviano en el estómago y tiene una textura más interesante. PARA 4 COMO PLATO DE ACOMPAÑAMIENTO

---

sal, al gusto
1 cabeza de coliflor, picada
1 cucharada de mantequilla
3 dientes de ajo, finamente picados
pimienta, al gusto

AGREGADOS

especias (página 149) chiles, finamente picados
queso rallado jengibre, finamente rallado
yogur o crema agria cebollitas verdes, picadas

1 Hierve agua con sal en una olla grande. Agrega la coliflor y cocínala de 5 a 7 minutos o hasta que se suavice.

2 Escurre el agua y retira la coliflor.

3 Pon la olla de nuevo a fuego medio y agrega la mantequilla. Deja que se derrita y agrega el ajo para sofreírlo unos 2 minutos. Pon la coliflor de vuelta en la olla. Revuélvela para recubrirla bien y cocínala justo hasta que se termine de calentar, o más tiempo para que se dore y se ponga crujiente. ¡Es tu decisión!

4 Apaga el fuego y deja que la preparación se enfríe durante 5 minutos. Utiliza un machacador (prensador) de papas para moler la coliflor en trozos gruesos. Agrega la sal, la pimienta y cualquier otro agregado, y machaca y mezcla todo un poco más. Prueba el puré y ajusta el sabor según lo desees.

Puré de calabaza de invierno

La manera más fácil de cocinar la calabaza de invierno es asándola entera. Queda suave y delicada por dentro y se puede extraer de la cáscara con facilidad. PARA 4 COMO PLATO DE ACOMPAÑAMIENTO

1 cucharada de mantequilla, y más para la sartén

1 calabaza de invierno como la butternut, la kabocha japonesa, la bellota (*acorn*), la delicata (excepto la calabaza cabello de ángel)

3 dientes de ajo

sal y pimienta, al gusto

AGREGADOS

yogur o crema agria	curry en polvo
azúcar morena y canela	uvas pasas
chiles finamente picados	salvia

1 Precalienta el horno a 400°F. Enmantequilla una charola (bandeja) para hornear.

2 Corta la calabaza por la mitad utilizando un cuchillo grande filoso. Extrae la fibra y las pepitas. Pon las mitades boca abajo en la charola.

3 Cocínalas en el horno de 30 a 40 minutos o hasta que un cuchillo atraviese la calabaza fácilmente.

4 Derrite la mantequilla a fuego medio en un sartén. Agrega el ajo y saltéalo unos 2 minutos. Retíralo del fuego.

5 Pon la calabaza en un tazón grande junto con el ajo, la mantequilla del sartén y cualquier otro agregado. Revuélvela hasta obtener una consistencia homogénea. Prueba el plato y agrega sal y pimienta según haga falta.

Puré de raíz de apio

La raíz de apio es justamente a lo que suena. Es la raíz de donde crece el tallo del apio, y sí, ¡se puede comer! Aunque sea fea y protuberante de pinta, sabe como si una papa y un apio hubieran tenido un bebé. PARA 4 COMO PLATO DE ACOMPAÑAMIENTO

---

sal, al gusto

1 raíz de apio (apio nabo, apio rábano) mediana, pelada y cortada en cubos

1 cucharada de mantequilla

3 dientes de ajo

½ taza de caldo o agua, caliente

pimienta, al gusto

AGREGADOS

cilantro fresco picado

jengibre rallado

yogur o crema agria

hojuelas de chile

1 Hierve agua con sal en una olla.

2 Agrega la raíz de apio a la olla y deja que vuelva a hervir el agua. Reduce el fuego para mantener un hervor suave y cocina la raíz de apio unos 20 minutos o hasta que sea fácil perforarla con un tenedor. Escurre el agua y pon la raíz de apio en un tazón.

3 Pon la olla de nuevo a fuego medio y agrega la mantequilla. Deja que se derrita y agrega el ajo para sofreírlo unos 2 minutos o hasta que esté fragante. Pon la raíz de apio de vuelta en la olla. Revuélvela para recubrirla y cocínala unos 5 minutos o hasta que empiece a ponerse un poco blanda.

4 Apaga el fuego y agrega el caldo junto con cualquier otro agregado. Utiliza un machacador (prensador) de papas, el procesador de alimentos o la batidora eléctrica para moler la raíz de apio hasta obtener una consistencia homogénea. (Haz que quede lo más homogéneo posible para que se sienta como si fuera una papa.) Sazónalo con sal y pimienta, al gusto.

$0.75 / PORCIÓN
$3 TOTAL

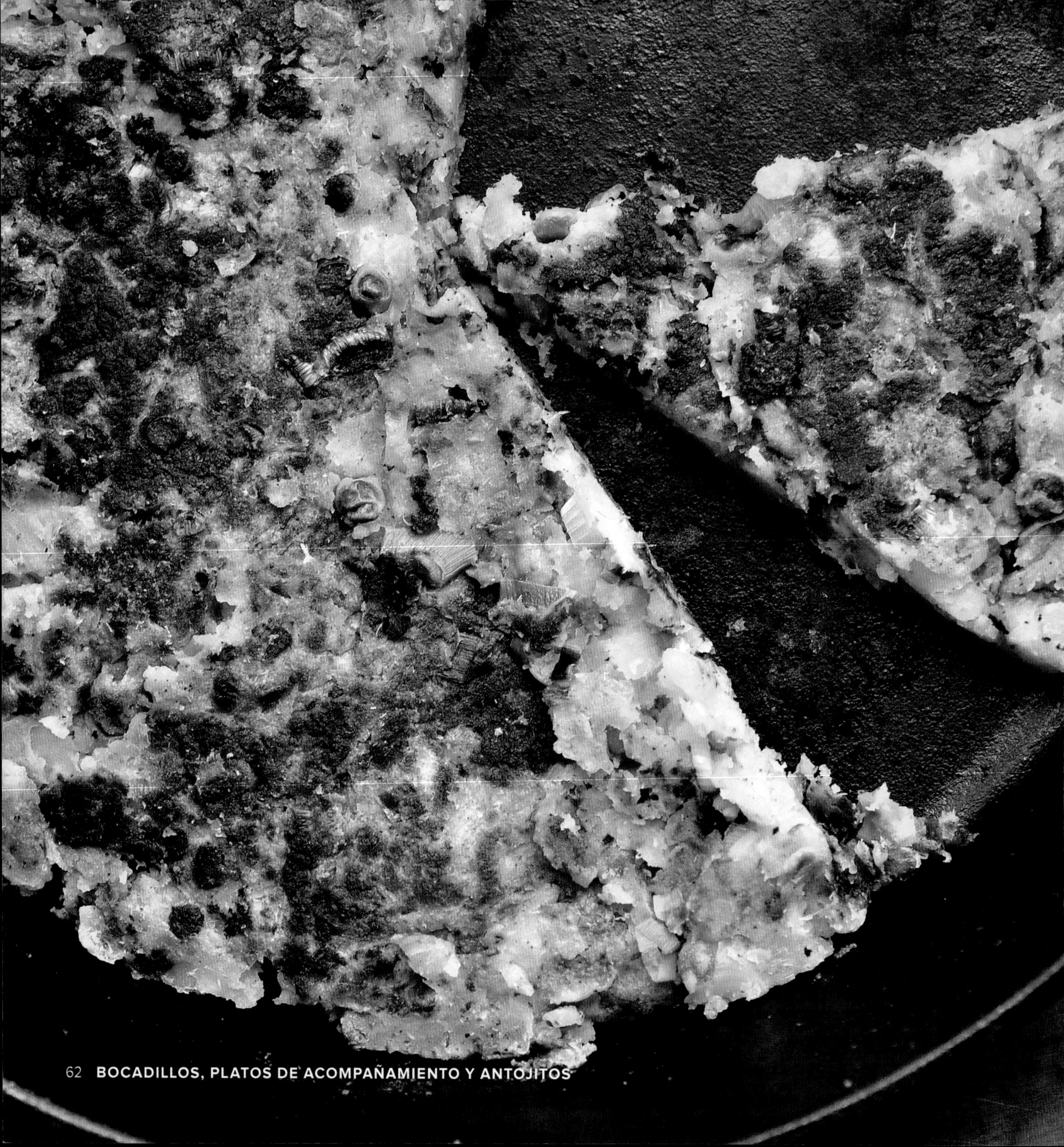

método
PANQUEQUE DE PAPAS BRITÁNICO

Esta receta para el desayuno de fin de semana de tradición británica se llama "Bubble and Squeak" y se ideó para aprovechar los sobrantes de la noche anterior. Por ser británica, por supuesto que incluye ¡un puré de papas! Es básicamente un gran panqueque de papa con otras cosas incorporadas en él. Pica cualquier otra verdura que te haya sobrado y tengas por ahí. ¿Encontraste una zanahoria? Rállala o pícala en trocitos finos y agrégala al tazón. El repollo (col), los chícharos (arvejas, guisantes), el elote (maíz, choclo), el brócoli (brécol), las coles de Bruselas—todas estas cosas resultan estupendas. Sin embargo, no te conviene agregar verduras que contengan mucha agua como los tomates, las calabacitas (zucchini) o los pepinos, así que limítate a los precocidos o los que estén duros.

El método que te estoy presentando es para preparar un panqueque grande, pero puedes prepararlos más pequeños para que tengan una presentación bien padre. También te puedes olvidar de los panqueques y preparar un picadillo con la mezcla. Este método es más bien una técnica, y no una receta, así que trata simplemente de acoger el concepto: ¡Crujiente y caliente, tienes todas las de ganar!

2 tazas de puré de papas
1 taza de puré de verduras de raíz
   (de la página 57 a la 60) o
   verduras asadas (página 106)
sal y pimienta, al gusto
1 cucharada de mantequilla

AGREGADOS

½ taza de chícharos (arvejas, guisantes)
½ taza de repollo (col)
2 o 3 cebollitas verdes, finamente
   picadas

1 Combina en un tazón grande el puré de papas y las verduras de raíz molidas o las verduras asadas. Las cantidades que preceden son pautas generales, pero puedes modificar las proporciones, siempre y cuando tengas suficientes papas que mantengan todo junto. (Si se desmorona, agrega ¡más papas!

2 Espolvorea la sal y la pimienta y mézclalo todo junto para formar como una masa grande. Pruébala para ver si necesita más sal y pimienta. Ya que vas a estar usando sobrantes que ya están condimentados, probablemente no te hará falta agregar mucha sal. Puede parecer un poco caótica, pero esta receta te lo perdona todo y te saldrá bien siempre y cuando las papas sean por lo menos la mitad de la mezcla.

3 Derrite la mantequilla a fuego medio en un sartén de hierro fundido o en un sartén antiadherente. **Agrega la mezcla al sartén y aplástala para formar un panqueque plano** que cubra la sartén hasta el borde. Cocínalo de 5 a 6 minutos sin tocarlo.

4 Utiliza una espátula para examinar el panqueque por debajo. **Cuando esté dorado, es hora de voltearlo.** (Si no lo está, espera uno o dos minutos más.) Ahora es que viene la decisión. Puedes tratar de voltear el panqueque de un solo—algo que a mí no me suele salir bien—o simplemente parte por parte. No te preocupes si lo partes en pedazos. Después de voltearlo, vuélvelo a pegar aplastándolo con la espátula. Dora el panqueque por el otro lado durante unos 10 minutos más. Una vez consigas una bonita corteza dorada todo alrededor del panqueque, apaga el fuego. Déjalo enfriar en el sartén durante 10 minutos.

5. Rebánalo en cuñas para servir.

Camotes rellenos

A mí me gusta servirlos con todo tipo de agregados, por lo general con sobrantes de otras comidas. Haz la prueba rellenándolos con pollo asado, frijoles con queso, elote (maíz, choclo) con tomates—lo que tengas a mano (pero evita las verduras que no resistan el calor residual, como la lechuga y los pepinos). PARA 4

4 camotes (batatas) grandes
sal y pimienta, al gusto
¼ taza de crema agria
½ manojo de cebollitas verdes, finamente picado

1 Precalienta el horno a 400°F.

2 Limpia (cepilla) los camotes y pínchalos con un tenedor unas cuantas veces. Ponlos sobre una charola (bandeja) para hornear.

3 Hornéalos de 60 a 75 minutos. Ya que varían enormemente en tamaño, pínchalos después de una hora con un cuchillo largo para ver si están. Si los atraviesa fácilmente, ya están. En caso contrario, hornéalos más tiempo.

4 Deja que se enfríen durante 15 minutos. Hazle un corte largo por arriba a cada camote y ábrelo con cuidado. Bate su suave centro anaranjado con un tenedor para darle una consistencia esponjosa.

5 Condiméntalo con sal y pimienta. Deja que cada cual agregue crema agria y cebollitas al gusto (o más sal y pimienta).

Papas asadas con chiles

Más fácil y sustancioso que las papas asadas no hay. Puedes utilizar el tipo de chile que quieras—ya sean los grandes chiles poblanos oscuros o los chiles güeros o hasta los pimientos. Cuando piques los chiles, asegúrate de deshacerte de las semillas y de las fibras blancas de su interior. Además de ser un gran plato de acompañamiento, sabe delicioso como relleno para tacos. O si no, pruébalas en combinación con frijoles negros y arroz o apiladas bien alto en un plato con un huevo por encima. PARA 4 COMO PLATO DE ACOMPAÑAMIENTO

4 papas medianas, picadas en trocitos tamaño bocado

4 chiles medianos o 2 pimientos, picados en trocitos tamaño bocado

2 dientes de ajo, sin pelar

1 cucharada de mantequilla, derretida

sal y pimienta, al gusto

1 Precalienta el horno a 400°F.

2 Revuelve y voltea las papas con los chiles y el ajo dentro de un molde para asar grande.

3 Viérteles la mantequilla por encima y espolvoréalas generosamente con la sal y la pimienta. ¡Las papas requieren de mucha sal! Usa las manos para mezclarlo todo.

4 Asa las papas hasta que puedas perforarlas fácilmente con un tenedor y hasta que todo esté un poco crujiente, lo que tomará 1 hora aproximadamente. Exprime los dientes de ajo, esparce bien el ajo asado y deshazte de la piel.

Poutine

La poutine, plato francocanadiense que lleva papas fritas, salsa gravy y queso en grano (cuajada), no es un plato de todos los días, pero sigue siendo un favorito. Ya que no me gusta freír en aceite abundante en casa, yo cocino las papas al horno—aun así quedan crujientes, y sin tanta complicación. La poutine estilo Montreal se prepara con salsa gravy de verduras, como es el caso de esta receta, pero también puedes utilizar la de carne de res o de pavo. Por supuesto, lo correcto es preparar la poutine con queso en grano, y si lo consigues, utilízalo, pero la mozzarella fresca sale casi igual de bien. Tiene la misma cualidad esponjosa, aunque quizás chirría un poco menos contra los dientes. Sin embargo, utilizar queso mozzarella fresco hace que esta receta se vaya un poco más por el lado caro de lo que uno se imaginaría. Puedes reducir el precio por la mitad si utilizas menos o nada de queso. PARA 4 COMO PLATO DE ACOMPAÑAMIENTO

---

2 cucharadas de aceite vegetal

2 a 3 papas rojas medianas,
    cortadas en palitos

sal y pimienta, al gusto

6 onzas de queso mozzarella fresco,
    cortado en cubos

1 o 2 cebollitas verdes, picadas

SALSA GRAVY

2 cucharadas de mantequilla

1 chalota o 3 cebollitas verdes,
    finamente picadas

3 dientes de ajo, finamente picados

6 hojas frescas de salvia,
    finamente picadas (opcional)

2 cucharadas de harina de
    uso general

1½ taza de caldo de verduras

1 cucharadita de salsa de soya (soja)

½ cucharadita de pimienta roja
    (de Cayena)

sal y pimienta, al gusto

1 Precalienta el horno a 400°F.

2 Esparce 1 cucharada del aceite vegetal sobre una charola (bandeja) para hornear y, a continuación, agrega las papas. Rocía las papas con la cucharada restante de aceite y espolvoréalas con cantidades generosas de sal y pimienta. Revuelve las papas con las manos y distribúyelas de forma pareja por toda la charola. Hornéalas 20 minutos.

3 Mientras tanto, derrite la mantequilla a fuego medio en una cacerola pequeña. Espárcela en espiral para recubrir la cacerola. Agrega la chalota, el ajo y la salvia, si las vas a utilizar, y cocínalos unos 2 minutos o hasta que la chalota esté translúcida pero sin dorarse. Rápidamente, incorpora la harina. Agrega un poco de caldo de verduras si la preparación está demasiado grumosa.

4 Deja que se cocine la mezcla hasta que adquiera un tono café claro. Agrega el caldo de verduras, la salsa de soya y la pimienta roja. Hierve la salsa gravy y, a continuación, reduce el fuego y, revolviéndola de vez en cuando, deja que se cocine unos 5 minutos o hasta que espese. Prueba la salsa y agrega sal y pimienta según haga falta. Reduce el fuego a su nivel más bajo, el que permita tan solo mantener caliente la salsa.

5 Después de hornearlas durante 20 minutos, saca las papas del horno. Revuélvelas con una espátula y hazles la prueba del tenedor. Si las atraviesa fácilmente, ya están. Si las quieres un poco más crujientes, voltéalas y ponlas de vuelta en el horno por un poco más de tiempo.

6 Cuando ya estén, apílalas en una primera capa en un plato. Ponles los cubos de queso mozzarella y la salsa gravy. Repite el procedimiento con otra capa y espolvoréala con las cebollitas y con más pimienta negra recién molida.

$1.75 / PORCIÓN
$7 TOTAL

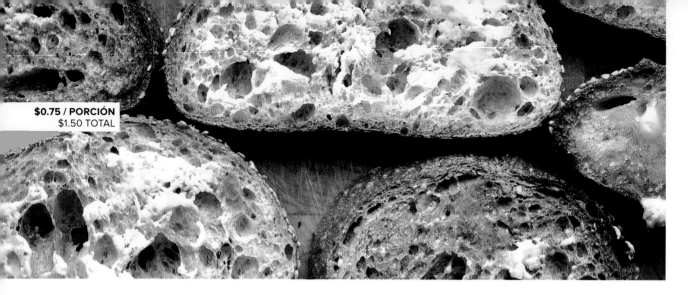

$0.75 / PORCIÓN
$1.50 TOTAL

ideas
PAN TOSTADO VERSÁTIL

Me encanta el pan, y en particular el tostado, que es el que más me reconforta. En estas páginas, te sugiero que les pongas cosas sabrosas a las tostadas. ¡Eso es todo!

Un montoncito de verduras sofreídas o crudas sobre una crujiente tostada enmantequillada es la comida perfecta para una o dos personas y una manera estupenda de probar por primera vez una que otra verdura. Te he sugerido unas cuantas variantes de agregados en las páginas siguientes, pero puedes utilizar casi todas las recetas de verduras de este libro o inventarte tus propias recetas. Opta por ensaladas de verduras crudas o, como yo hago la mayoría de las veces, por verduras sofreídas o frijoles cocidos en aceite condimentados con ajo y chiles, aceitunas y eneldo, jengibre y cúrcuma o con cualquier otra combinación clásica (página 149). Toma tan solo unos minutos y el resultado es una comida aromática y atractiva que te dejará satisfecho.

Tostada básica

PARA 2

4 rebanadas de pan

2 cucharadas de mantequilla

sal y pimienta, al gusto

2 huevos fritos (opcional)

1 Derrite ½ cucharada de mantequilla a fuego medio en un sartén. Coloca 2 rebanadas de pan en el sartén, déjalas cocinar por unos 2 minutos. Si están bien doraditas por debajo, voltéalas.

2 Agrega otra ½ cucharada de mantequilla al sartén. Espolvorea la tostada con sal y pimienta. Cuando ya esté doradito el otro lado, pon la tostada en un plato. Repite el procedimiento con el resto del pan y de la mantequilla.

3 Apila sobre las tostadas los agregados y complétalas con un huevo frito, si lo tienes.

❶ Chícharos y limón
$1 PORCIÓN / $2 TOTAL

Versión menos salada y más rústica que la receta clásica británica.

1 cdta. de aceite de oliva
2 dientes de ajo, finamente picados
1 taza de chícharos (arvejas, guisantes), frescos o congelados
1 cdta. de jugo de limón amarillo
queso romano o parmesano recién rallado
sal y pimienta, al gusto

Calienta un sartén a fuego medio en la estufa y agrega el aceite de oliva. Agrega el ajo y los chícharos junto con 2 cucharadas de agua y cocínalos hasta que adquieran un color verde brillante. Rocíalos con el jugo de limón y espolvoréalos con el queso, la sal y la pimienta. Retirarlos del fuego y muélelos con el dorso de un tenedor.

❷ Verduras orientales
$2.50 PORCIÓN / $5 TOTAL

Haz la prueba con cualquier tipo de verdura oriental que consigas.

1 cdta. de aceite vegetal
2 dientes de ajo, picados
1 cdta. de jengibre rallado
2 cdtas. de salsa de soya (soja)
1 manojo de verduras orientales, con sus tallos y hojas picados por separado
1 puñado de albahaca tailandesa
sal y pimienta, al gusto

Calienta el aceite a fuego medio en un sartén. Sofríe el ajo unos 2 minutos. Agrega el jengibre, la salsa de soya y los tallos picados de las verduras. Cocínalos de 4 a 5 minutos. Agrega el resto de las verduras y cocínalas 2 minutos más. Apaga el fuego e incorpora la albahaca tailandesa, la sal y la pimienta.

❸ Cebollas caramelizadas y queso cheddar
$1 PORCIÓN / $2 TOTAL

Toma tiempo caramelizar las cebollas, pero vale la pena si preparas una tanda grande.

1 cdta. de mantequilla
1 cebolla morada, en rebanadas finas
queso cheddar fuerte, en rebanadas finas
sal y pimienta, al gusto

Derrite la mantequilla a fuego bajo en un sartén. Agrega la cebolla y cocínala lentamente por unos 20 minutos. Mientras las cebollas se oscurecen, revuélvelas de vez en cuando. Cuando ya estén dulces y caramelizadas, espárcelas sobre una rebanada de pan tostado y ponles el queso cheddar, la sal y la pimienta. Pon la rebanada de pan tostado de vuelta en el sartén y cocínala tapada hasta que burbujee el queso.

❹ Verduras asadas
$1 PORCIÓN / $2 TOTAL

Una de mis maneras favoritas de comer sobrantes de verduras asadas.

Verduras asadas (página 106)
queso romano o parmesano recién rallado
pimienta, al gusto

Solo tienes que formar un montoncito ridículamente alto de verduras como, por ejemplo, de calabaza de invierno o de puerros (porros) como en esta fotografía y, a continuación, espolvorearlo con queso romano rallado y con pimienta fresca. También puedes agregar la salsa que tengas a la mano, o espolvorear nueces trituradas.

➎ Brócoli salado

$1.50 PORCIÓN / $3 TOTAL

La mayor parte del brócoli (brécol) que entra en mi casa corre la suerte de terminar en este plato.

1 cdta. de aceite de oliva

3 dientes de ajo, picados

1 cdta. de hojuelas de chile

1 filete de anchoa, picado

1 corona y tallo de brócoli (brécol), picados

queso romano o parmesano recién rallado

sal y pimienta, al gusto

Calienta el aceite a fuego medio en un sartén. Agrega el ajo y las hojuelas de chile y cocínalos 2 minutos. Agrega la anchoa y cocínala otro minuto. Agrega el brócoli y ¼ taza de agua. Pon la tapa, cocina todo al vapor 3 minutos y, a continuación, revuélvelos y cocínalos 2 minutos hasta que el brócoli se suavice. Ponles el queso, la sal y la pimienta.

➏ Ensalada de berenjena asada

$1.75 PORCIÓN / $3.50 TOTAL

Aun otro uso para los sobrantes—o simplemente una manera de preparar una estupenda ensalada más sustanciosa.

Ensalada de Berenjena Asada (página 32)

hierbas culinarias u hojas verdes frescas picadas

cualquier tipo de queso, desmoronado o rallado

Solo tienes que ponerle a la rebanada de pan tostado un montoncito de Ensalada de Berenjena Asada y, a continuación, junto con un poco de queso, espolvorearla con unas cuantas hierbas culinarias u hojas verdes para un toque fresco.

➐ Chícharos y berza

$1 PORCIÓN / $2 TOTAL

¿Habrá algo más reconfortante que ponerle frijoles a una rebanada de pan tostado? ¡Claro que no! La comida te quedará un poco más elegante si utilizas los panecillos scones en vez de rebanadas de pan tostado.

Chícharos de Ojos Negros con Berzas (página 111)

Scones de Trigo Entero con Queso y Jalapeños (página 15)

Calienta los chícharos y la berza en la estufa dentro de un sartén o simplemente en el microondas. Ponlos en una rebanada de pan tostado y ¡buen provecho! Si vas a usar scones, rebánalos por la mitad y tuéstalos en el horno tostador (eléctrico), o debajo del asador del horno (*broiler*), antes de ponerles montoncitos de la mezcla de chícharos.

➑ Espinaca y garbanzos

$2.25 PORCIÓN / $4.50 TOTAL

Se trata de un popular plato de tapas en España. Con esta receta terminarás con más agregados que los que te hacen falta.

1 cdta. de mantequilla

2 dientes de ajo, picados

1 taza de garbanzos cocidos

1 manojo de espinaca, lavada, sin las partes más anchas de los tallos

sal y pimienta, al gusto

páprika ahumada (opcional)

Derrite la mantequilla a fuego medio en un sartén. Agrega el ajo y cocínalo 2 minutos. Agrega los garbanzos y la espinaca y, a continuación, cocina de 2 a 5 minutos, hasta que la espinaca se reduzca en volumen pero no pierda su color verde brillante. Prueba la mezcla y agrega sal y pimienta para luego ponerla sobre una rebanada de pan tostado. Espolvoréalo con páprika ahumada.

9 Aguacate

$0.90 PORCIÓN / $1.80 TOTAL

Mi pareja y yo llegamos hace años a Sídney, Australia, después de recorrer cientos de millas en bicicleta. Nuestros anfitriones nos dieron una montaña de pan tostado con aguacate. Fue una de las comidas más inolvidables de mi vida.

1 aguacate (palta)
sal y pimienta, al gusto
hojuelas de chile (opcional)
cuña de limón verde o amarillo (opcional)

Corta el aguacate por la mitad y retírale el hueso. Extrae la pulpa y corta cada mitad de pulpa para terminar con 4 porciones iguales. Muele cada pedazo de aguacate con un tenedor y espárcelo sobre el pedazo de pan tostado. Condiméntalo con sal y pimienta, con hojuelas de chile y con un chorrito de limón verde o amarillo.

10 Manzana y queso cheddar

$1.40 PORCIÓN / $2.80 TOTAL

¿Has alguna vez visto a alguien comer un pay (tarta) de manzana con un poco de queso cheddar? Esta receta es así, ¡pero aun mejor! Si lo consigues, haz la prueba con queso cheddar blanco añejado, pero el queso cheddar normal que más te guste sabrá igual de bien.

2 onzas de queso cheddar
1 manzana
sal y pimienta, al gusto

Corta el queso cheddar y la manzana en rebanadas finas. Yo prefiero formar capas con la manzana y después poner rebanadas finas de queso cheddar entre ellas, pero prosigue de la manera que tenga más sentido para ti.

11 Champiñones salteados

$1.75 PORCIÓN / $3.50 TOTAL

Con su rico y terroso olor, los champiñones y el ajo harán que vengan a tocar a la puerta tus vecinos. También resultan increíbles como agregados para hamburguesas.

1 cucharada de mantequilla
1 libra de champiñones (hongos, setas), en rebanadas
4 dientes de ajo, picados
sal y pimienta, al gusto

Derrite la mantequilla a fuego medio en un sartén. Agrega los champiñones y sofríelos unos 2 minutos o hasta que se achiquen y suelten algo de su líquido. Incorpora el ajo y cocínalo unos 5 minutos más o hasta que todos los champiñones se doren un poco. Agrega sal y pimienta al gusto. Ponlos sobre una rebanada de pan tostado caliente.

12 Espinaca estilo coreano

$1.75 PORCIÓN / $3.50 TOTAL

Esta espinaca, con ajonjolí y ajo, es una de mis favoritas.

1 cdta. de aceite de oliva
4 dientes de ajo, picados
1 manojo de espinaca, lavada, sin las partes más anchas de los tallos
1 cdta. de salsa de soya (soja)
½ cdta. de aceite de ajonjolí (sésamo) tostado
sal, al gusto
1 cdta. de semillas de ajonjolí

Calienta el aceite de oliva a fuego medio en un sartén. Agrega el ajo y cocínalo 2 minutos. Agrega la espinaca y la salsa de soya y cocina 2 minutos, hasta que se ablande y achique la espinaca. Apaga el fuego y agrega el aceite de ajonjolí y la sal. Revuelve y prueba la mezcla. Retira la espinaca del sartén y exprímela para quitarle el exceso de humedad. Espolvoréala con semillas de ajonjolí.

método
VERDURAS EMPANIZADAS CON HARINA DE MAÍZ

Estas verduras son como, digamos, papas fritas a la francesa. La harina de maíz las hace supercrujientes, y resultan estupendas para remojar en dips. ¿Qué les parece si les sugiero la Salsa de Cacahuate (página 143)? Casi todos los tipos de verduras salen bien con este método—entre mis favoritas están las cuñas de calabacita (zucchini), las tiras de pimiento y las cuñas de calabaza de invierno cocidas. (En la fotografía se ven pimientos y ejotes [habichuelas verdes, chauchas].) Son como tomates verdes o okra (quingombó) fritos, pero esta versión horneada te evita el reguero y el costo del aceite sin que se pierda la textura crujiente.

aceite o mantequilla, para la charola (bandeja) para hornear

½ taza de harina de uso general

2 huevos

¼ taza de leche

1 taza de harina de maíz

1 cucharadita de sal

1 cucharadita de pimienta negra

1 cucharadita de páprika

½ cucharadita de ajo en polvo

8 onzas de ejotes (habichuelas verdes, chauchas), sin los tallos

VARIACIONES

cuñas de calabacita (zucchini)

tiras de pimiento

cuñas de calabaza de invierno cocidas

floretes de coliflor

floretes de brócoli (brécol)

okra (quingombó) entera

palitos de zanahoria o chirivía (pastinaca, zanahoria blanca)

espárragos, enteros si son finos

1 Precalienta el horno a 450°F.

2 Engrasa la charola (bandeja) para hornear con una pequeña cantidad de aceite o mantequilla.

3 ¡Monta tu puesto para empanizar! Esparce la harina en un plato. Rompe los dos huevos en un tazón, agrega la leche y bátelos ligeramente con un tenedor. En otro plato, esparce la harina de maíz, la sal, la pimienta negra, la páprika y el ajo en polvo y mézclalos con los dedos.

4 Enharina los ejotes unos cuantos a la vez **y ponlos en la mezcla de huevo.** Cubre los ejotes con un poco del huevo, teniendo cuidado de agitarlos para quitarles el exceso. Ponlos luego en la mezcla de harina de maíz y cúbrelos de forma pareja.

5 Esparce las verduras en la charola. Repite el procedimiento hasta que termines con todas. Si se acaba cualquiera de las tres mezclas, simplemente prepara un poco más.

6 Hornea los ejotes de 10 a 15 minutos, hasta que estén dorados y crujientes. ¡Disfrútalos calientes y con tu salsa dip favorita!

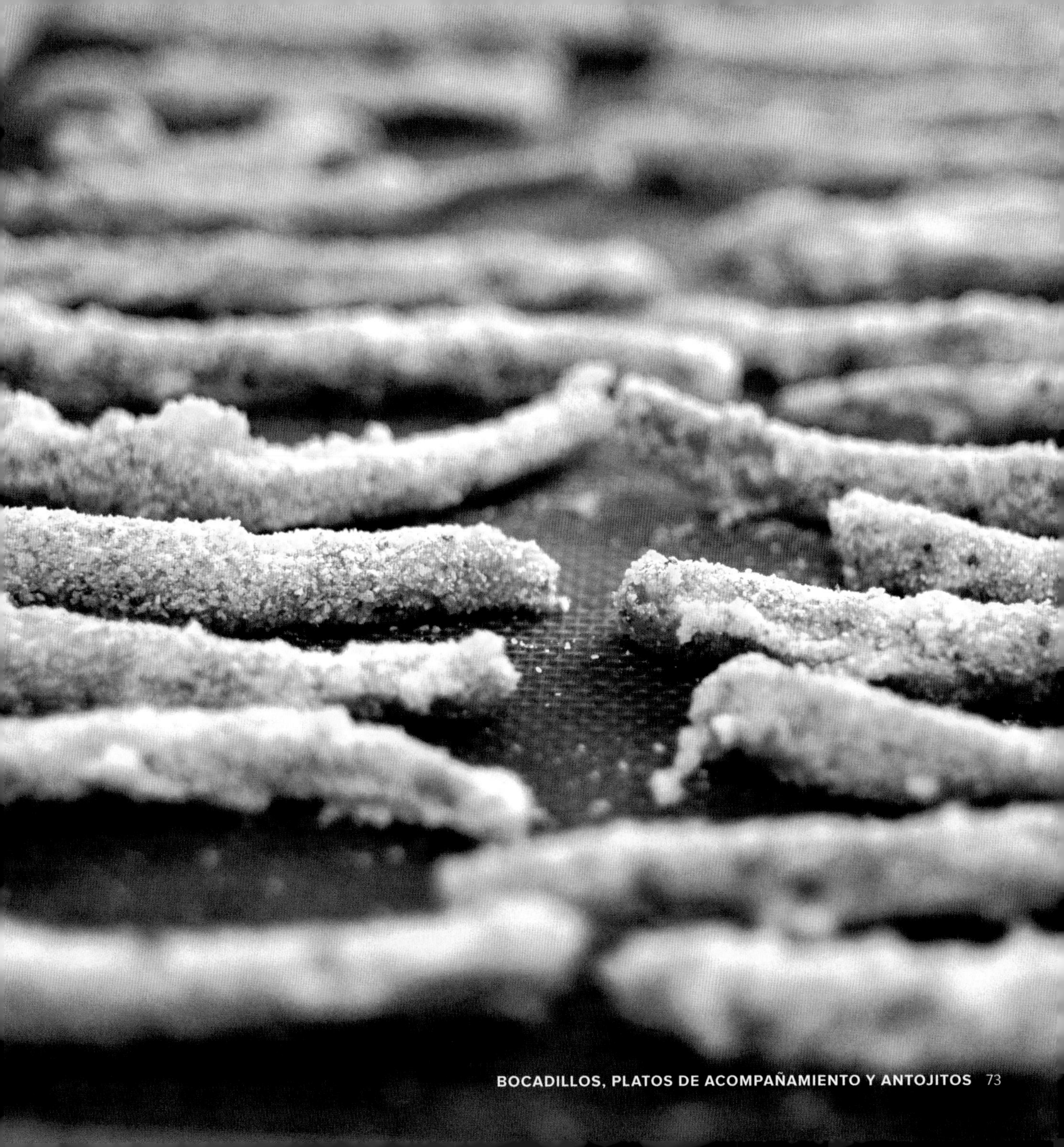

Quesadillas de chiles verdes y queso cheddar

Estas quesadillas son un gran bocadillo (*snack*) o una rápida comida, ¡y les puedes agregar casi de todo! Te saldrán más baratas si utilizas tortillas preparadas frescas (página 155). PARA 2

4 Tortillas (página 155)

½ taza de chiles verdes picados, enlatados o frescos

½ taza de queso cheddar fuerte rallado

1 cucharada de cilantro fresco picado

PARA SERVIR

Salsa fresca (página 145), para servir

crema agria, para servir

1 Coloca 1 tortilla sobre la tabla para cortar y esparce sobre ella la mitad de los chiles verdes. Espolvorea la mitad del queso sobre los chiles y, a continuación, la mitad del cilantro. Coloca otra tortilla sobre cada una de las que ya preparaste y así formarás las quesadillas. ¡Repite el procedimiento!

2 Calienta un sartén antiadherente grande a fuego medio. Una vez caliente, agrega una quesadilla y dórala por aproximadamente 1 minuto. Voltéala y dórala por el otro lado y, a continuación, haz lo mismo con la otra quesadilla. Córtalas en triángulos y disfrútalas con un poco de salsa fresca y crema agria.

Pollo con adobo filipino

Esta requeteversátil receta nos llega por cortesía de Tony Pangilinan, quien se crió con cupones de alimentos después de que su familia inmigró de las Filipinas "con tan solo 4 maletas y muchos sueños". Después de décadas de lucha, Tony alcanzó sus sueños y ahora puede ayudar a los miembros de su familia que continúan en la pobreza en las Filipinas. Dice que su familia se siente afortunada, a pesar de las duras circunstancias.

El adobo filipino—que es muy diferente al español—es básicamente cualquier cosa cocinada en vinagre, salsa de soya y ajo. La puedes preparar con la carne o con las verduras que te gusten. Ya que se prepara a base de vinagre, se conserva bien en el refrigerador. (No te preocupes por el color de la salsa—¡varía!) PARA 8

8 muslos (*thighs*) de pollo

¾ taza de vinagre de arroz o de vinagre blanco destilado

¼ taza de salsa de soya (soja)

2 dientes de ajo, picados

½ cucharadita de pimienta negra

2 hojas de laurel

2 cucharadas de aceite vegetal

2 papas medianas, picadas

4 zanahorias medianas, en rebanadas

2 tazas de arroz blanco

2 pizcas de sal

2 cucharaditas de maicena (almidón o fécula de maíz) mezclada con 1 cucharada de agua

AGREGADOS

4 chiles jalapeños, en rebanadas (sin las semillas para que sean menos picantes)

jengibre, rallado

VARIACIONES

1½ libra de pernil, paleta de cerdo (*shoulder*) o paletilla (*butt*)

1 lata (13.5 onzas) de leche de coco en vez del agua

1 Recorta la grasa de la carne de pollo. No recortes hasta el último pedacito, solo recorta lo que parezca excesivo.

2 Revuelve juntos el vinagre, la salsa de soya, el ajo, la pimienta y las hojas de laurel en un sartén grande que no sea de aluminio. Agrega el pollo y recubre cada pedazo. Pon la tapa y deja que se marine durante 30 minutos (hasta el día siguiente sería estupendo).

3 Retira el pollo de la marinada y seca los pedazos a toquecitos utilizando toallas de papel. (¡No botes la marinada! La utilizarás más tarde.)

4 Calienta el aceite a fuego medio en una olla grande. Ya caliente, agrega suficiente pollo para cubrir el fondo. Cocínalo unos pocos minutos para que se dore por un lado. Dale vuelta y repite el procedimiento. Cuando ya esté la primera tanda, retírala de la olla y repite el procedimiento.

5 Después de que se dore, pon el pollo de vuelta en la olla junto con la marinada, las papas, las zanahorias y ¾ taza de agua. Sube el fuego, hierve el líquido y, a continuación, reduce el fuego a bajo. Mantén un hervor suave unos 45 minutos o hasta que se termine de cocinar la carne y se ablanden las zanahorias y las papas. Hazle un corte a la carne. Ya está cocida si no está rosada.

6 Cuando ya esté casi por terminar de cocinarse el plato, vierte el arroz en una olla mediana junto con 4 tazas de agua y la sal. Hiérvelo a fuego medio. Reduce el fuego y pon la tapa medio sesgada. Cocínalo unos 20 minutos o hasta que ya no quede agua.

7 Retira las hojas de laurel del adobo e incorpora la mezcla de maicena y agua. Deja que espese hasta que pollo y las verduras queden bien glaseados. Sirve el pollo con adobo sobre el arroz.

Pollo asado

Aunque la carne de pollo varía mucho en precio, comprar un pollo entero suele ser menos caro que comprar pedazos individuales como pechugas o muslos—además, más tarde podrás preparar caldo con los huesos y con la carne que sea muy difícil desprender. Los sobrantes se pueden utilizar en sándwiches, en tacos o en ensaladas o revolverse con salsa para mezclar con pastas. Esta receta es la de base: Agrega especias a la mantequilla o espolvoréalas sobre la superficie del pollo para modificar el sabor de la manera que quieras. PARA 6

1 pollo entero, unas 4 libras

1 cucharada de mantequilla, derretida

sal y pimienta, al gusto

2 dientes de ajo

1 limón amarillo

1 Precalienta el horno a 400°F.

2 Retira el menudillo (menudencias) de la parte interior del pollo y córtale el cuello. No los botes para preparar caldo más tarde. Los puedes congelar o simplemente dejarlos en el refrigerador si piensas preparar caldo dentro de un par de días. Frota toda el ave con la mantequilla derretida y, a continuación, espolvoréala con sal y pimienta.

3 Machaca los dientes de ajo con el lado de la hoja de un cuchillo, retira la cáscara y corta el limón por la mitad. Rellena la cavidad del pollo con el ajo y el limón.

4 Coloca el pollo en una asadera (fuente para horno) o con un sartén refractario. Llévalo al horno y hornéalo 1 hora. Si tienes un termómetro para carnes, verifica que el pollo alcance los 165°F, temperatura en la que es totalmente seguro consumirlo, pero una hora a 400°F en el horno debe ser suficiente para que se termine de cocinar.

5 Deja reposar el pollo durante 10 minutos por lo menos antes de cortarlo y así te asegurarás de no perder nada de su sabroso jugo. Retira el ajo y el limón antes de cortarlo.

DESPUÉS DE TRINCHAR EL POLLO, prepara caldo de pollo con el caparazón, el menudillo y el cuello. Mantén un hervor suave durante varias horas en una olla llena de agua en la que pusiste los pedacitos de verdura que sobraron como las puntas de las cebollas y de las zanahorias, junto con una generosa cantidad de sal.

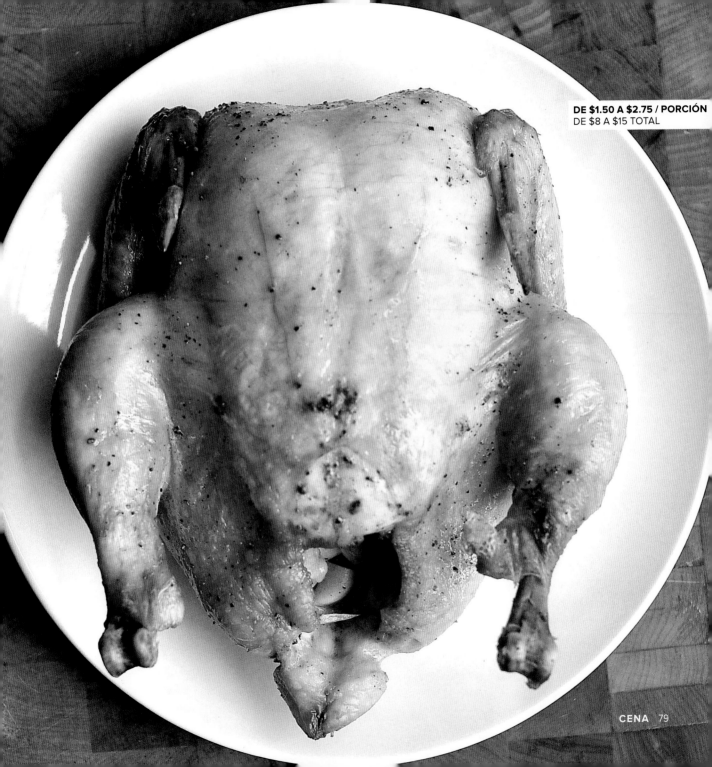

Pollo en salsa de cacahuate con brócoli y arroz con coco

Esta receta utiliza salsa de cacahuate (maní) para hacer que el requetesencillo pollo con salteado de brócoli se convierta en algo que desearás servir a tus invitados favoritos. Prepara una tanda completa de Salsa de Cacahuate (página 143) y utiliza un poco en esta receta, y el resto para remojar verduras a modo de dip, para aderezar ensaladas o para bañar con él el alimento proteínico que más te guste. PARA 6

1½ taza de arroz de grano largo

1 lata (13.5 onzas) de leche de coco

½ cucharadita de sal, y más al gusto

1½ libra de carne de pollo (cualquier tipo), picada en pedazos tamaño bocado

pimienta, al gusto

2 cucharaditas de aceite vegetal

6 tazas de brócoli (brécol) picado, con sus tallos y floretes (cogogilltos) separados (aproximadamente 1 ramo grande)

½ taza de Salsa de Cacahuate (página 143)

cilantro fresco picado

VARIACIÓN

10 onzas de tofu, cortado en cubos y marinado en ¼ taza de salsa de soya (soja), en vez del pollo

1 Enjuaga el arroz. Caliéntalo, junto con la leche de coco, la sal y 1½ taza de agua, a fuego medio en una olla. Hiérvelo y, a continuación, reduce el fuego a bajo. Mantén un hervor suave, con la tapa medio sesgada, por unos 20 minutos o hasta que ya no quede líquido. Si el arroz termina de prepararse antes que el salteado, retíralo del fuego, suéltalo un poco con un tenedor para que no se pegue a la olla y tápalo para mantenerlo caliente.

2 Mientras se cocina el arroz, espolvorea la carne con sal y pimienta y resérvala.

3 Calienta un sartén grande o un wok a fuego medio y agrega 1 cucharadita de aceite vegetal. Cuando ya esté caliente, agrega los tallos de brócoli. Cocínalos unos 3 minutos, revolviéndolos de vez en cuando, para ablandarlos. Agrega los floretes y ¼ taza de agua y pon la tapa. Echará mucho vapor y chisporroteará bastante, ¡así que cuidado! Deja cocinar el brócoli unos 3 minutos más o hasta que se evapore el agua. Hazle la prueba del tenedor al brócoli. Debe estar un poco tierno, pero no blando. Apaga el fuego y retira el brócoli del sartén.

4 Agrega al sartén la cucharadita restante de aceite y caliéntala de nuevo a fuego medio. Agrega el pollo y cocínalo unos 5 minutos, mientras lo revuelves de vez en cuando, o hasta que ya no esté rosado. Agrega otro ¼ taza de agua y revuelve de vez en cuando unos 2 minutos más o hasta que se termine de cocinar la carne.

5 Agrega la salsa de cacahuate y revuelve la carne para recubrirla. No te preocupes si la salsa parece estar demasiado espesa al principio. Se mezclará con el agua y se hará glaseado.

6 Una vez el pollo ya esté recubierto con la salsa, pon el brócoli de vuelta en el sartén y revuélvelo todo junto. Prueba el plato y agrega sal según haga falta.

7 Pon el arroz con coco en platos y cúbrelo con el brócoli, la carne y el cilantro.

Strógonoff de carne

El strógonoff de carne de res es uno de los favoritos de mi marido—y uno de mis primeros lectores, Dave, dice que su madre se lo preparaba cuando pequeño. Es una comida clásica de invierno en Europa del Este que calienta las casas frías y llena el aire de ricos aromas. Puedes utilizar cualquier tipo de corte de carne de res, pero tienes que ajustar el tiempo de cocción según su dureza. No necesitarás cocinar un corte de carne de res más tierno por tanto tiempo. Pregúntale a tu carnicero que cortes de carne de res usar en esta receta si no estás segura. PARA 6

1 libra de diezmillo de res (*chuck*)

sal y pimienta, al gusto

2 cucharadas de mantequilla

2 cebollas, picadas

2 zanahorias grandes, picadas

1 cucharada de harina

2 cucharaditas de páprika

1 libra de fideos al huevo o de cualquier otro tipo de pasta

3 dientes de ajo, finamente picados

1 libra de champiñones (hongos, setas), picados

½ taza de crema agria

3 cucharadas de mostaza

AGREGADOS

½ taza de vino tinto (agrégalo con el agua del Paso 3)

papas y 1 pimiento picados (agrégalos con las zanahorias y las cebollas en el Paso 3)

eneldo fresco (para la decoración)

1 Pica la carne de res cruda en pedazos tamaño bocado y condiméntalos generosamente con sal y pimienta.

2 Derrite 1 cucharada de mantequilla a fuego medio en una cacerola grande. Agrega carne de res en cantidades suficientes para cubrir el fondo de la cacerola. Quizás tengas que cocinarla en dos tandas, dependiendo del tamaño de la cacerola. Dórala por todos los lados y, a continuación, resérvala en un plato.

3 Agrega las cebollas y las zanahorias a la cacerola y cocínalas hasta que se pongan translúcidas las cebollas. Espolvoréalas con la harina y con la páprika y, a continuación, cubre todo con 4 tazas de agua. Pon la carne de vuelta en la cacerola. Pon la tapa medio sesgada de modo que pueda escapar el vapor. Cocina la carne a fuego medio-bajo unas 2 horas o hasta que se suavice y el agua se haya convertido en caldo.

4 Hierve agua con sal en una olla grande. Cocina los fideos según las instrucciones del paquete. Trata de coordinar el tiempo para que se terminen de cocinar al mismo tiempo que el guiso.

5 Mientras tanto, derrite la restante mantequilla a fuego medio en otra cacerola. Agrega el ajo y cocínalo aproximadamente 1 minuto o hasta que suelte su fragancia. Agrega los champiñones, revuélvelos para recubrirlos, espolvoréalos con sal y pimienta y, revolviéndolos de vez en cuando, cocínalos unos 5 minutos o hasta que se achiquen y se doren. Apaga el fuego, prueba el plato y agrega sal y pimienta según haga falta.

6 Verifica la carne de res. Si el agua se ha reducido hasta una taza de sabroso líquido espeso y ya está suave la carne, ¡ya está lista! En caso contrario, deja que se cocine un poco más de tiempo y sigue verificándola. Una vez lista, reduce el fuego e incorpora los champiñones, la crema agria y la mostaza. Prueba el guiso y agrega más sal, pimienta y páprika, en caso de hacer falta.

7 Sirve el guiso sobre los fideos y espolvoréalo con más páprika.

Tilapia asada y condimentada al limón

Esta comida está lista tan rápido que es sorprendente. El pescado asado queda crujiente por fuera y jugoso y fácil de desmenuzar por dentro. Sírvelo con arroz, puré de verduras (ver páginas 57 y 60) o con platos de acompañamiento populares como los Ejotes Picantes (página 53). La cena estará en la mesa en minutos si sofríes unas cuantas verduras mientras se cocina el pescado. PARA 2

1 cucharadita de aceite vegetal

1 cucharadita de sal

½ cucharadita de pimienta negra

1 cucharadita de pimienta roja
    (de Cayena)

1 cucharadita de comino en polvo

½ cucharadita de ajo en polvo

½ cucharadita de orégano seco

2 filetes de tilapia o de otro tipo de
    pescado de carne blanca

½ limón verde (lima)

1 Sube la temperatura del asador del horno (*broiler*) a fuego alto. Forra una charola (bandeja) para hornear con papel aluminio y cúbrelo de forma pareja con aceite vegetal para que no se pegue el pescado.

2 En un tazón pequeño, mezcla la sal, la pimienta negra, la pimienta roja, el comino, el ajo en polvo y el orégano. Espolvoréalos sobre ambos lados del pescado y frótalo con cuidado utilizando los dedos hasta que el pescado quede bien recubierto.

3 Coloca el pescado sobre la charola para hornear que preparaste. Si estás usando un filete que todavía tenga la piel, asegúrate de que la piel quede hacia arriba para que se ponga crujiente.

4 Asa los filetes de 4 a 7 minutos. El pescado se cocinará muy rápido, así que, después de 4 minutos, verifica si ya está, insertándole con cuidado un cuchillo para mantequilla en la parte más gruesa. Si la atraviesa con facilidad y el pescado se desmenuce, ya está en ese momento. Si el cuchillo encuentra resistencia y el pescado no se desmenuce, pon los filetes otra vez debajo del asador del horno para cocinarlos unos cuantos minutos más. Cuando ya hayas preparado esta receta una o dos veces, estarás en condiciones de ver si ya está el pescado con echarle un vistazo.

5 Cuando ya esté el pescado, exprímele el jugo de limón por encima.

> **HAY ASADORES DE HORNO**
> que no son lo suficientemente potentes para que quede crujiente la piel—de ser ese tu caso, retírale la piel antes de servir. O déjasela. Crujiente o no, la piel de pescado es deliciosa.

Cremoso fettuccine con calabacitas

Las calabacitas (zucchini) y las calabazas de verano abundan en los meses de verano. Este sencillo plato de pasta es como una versión más ligera y más llena de colorido que el fettuccine Alfredo. Además, se completa rápidamente—las verduras ya estarán listas para cuando se cocine la pasta. Te encantará, te lo prometo.

PARA 3, O 2 SI HAY HAMBRE

---

sal, al gusto

8 onzas de fettuccine

4 cucharadas de mantequilla

4 dientes de ajo, finamente picados

½ cucharadita de hojuelas de chile

2 calabacitas (zucchini) pequeñas, cortadas en cubitos finos

cáscara rallada de 1 limón amarillo

¼ taza de crema espesa

½ taza de queso romano o parmesano rallado

pimienta, al gusto

un poco de albahaca fresca finamente picada (opcional)

1 Hierve una olla con agua a fuego alto. Échale cantidades generosa de sal. La sal le da sabor a la pasta, ¡así que no seas tímida! La mayor parte de la sal no terminará en la pasta.

2 Cocina la pasta según las instrucciones del paquete. Yo escurro la pasta justo antes de que esté para que no salga aguada cuando la agrego al sartén de verduras y así se cocina un poco más.

3 Mientras tanto, derrite 1 cucharada de la mantequilla a fuego medio en un sartén. Agrega el ajo y las hojuelas de chile. Deja que chisporroteen de 30 segundos a 1 minuto y, a continuación, agrega las calabacitas. Revuelve las verduras para recubrirlas. Cocínalas de 5 a 7 minutos, revolviéndolas de vez en cuando, o hasta que se evapore algo del agua y se suavicen las verduras. Las calabacitas tiernas no requieren mucha cocción. Agrega la cáscara rallada de limón. ¡Revuélvela!

4 Escurre la pasta y agrégala al sartén junto con las 3 cucharadas restantes de mantequilla, la crema y la mayor parte del queso. Revuelve la pasta por todo el sartén y agrega, al gusto, sal y muchísima pimienta recién molida. Sírvela con un poco más de queso y de albahaca, si las vas a usar, y sírvela de inmediato.

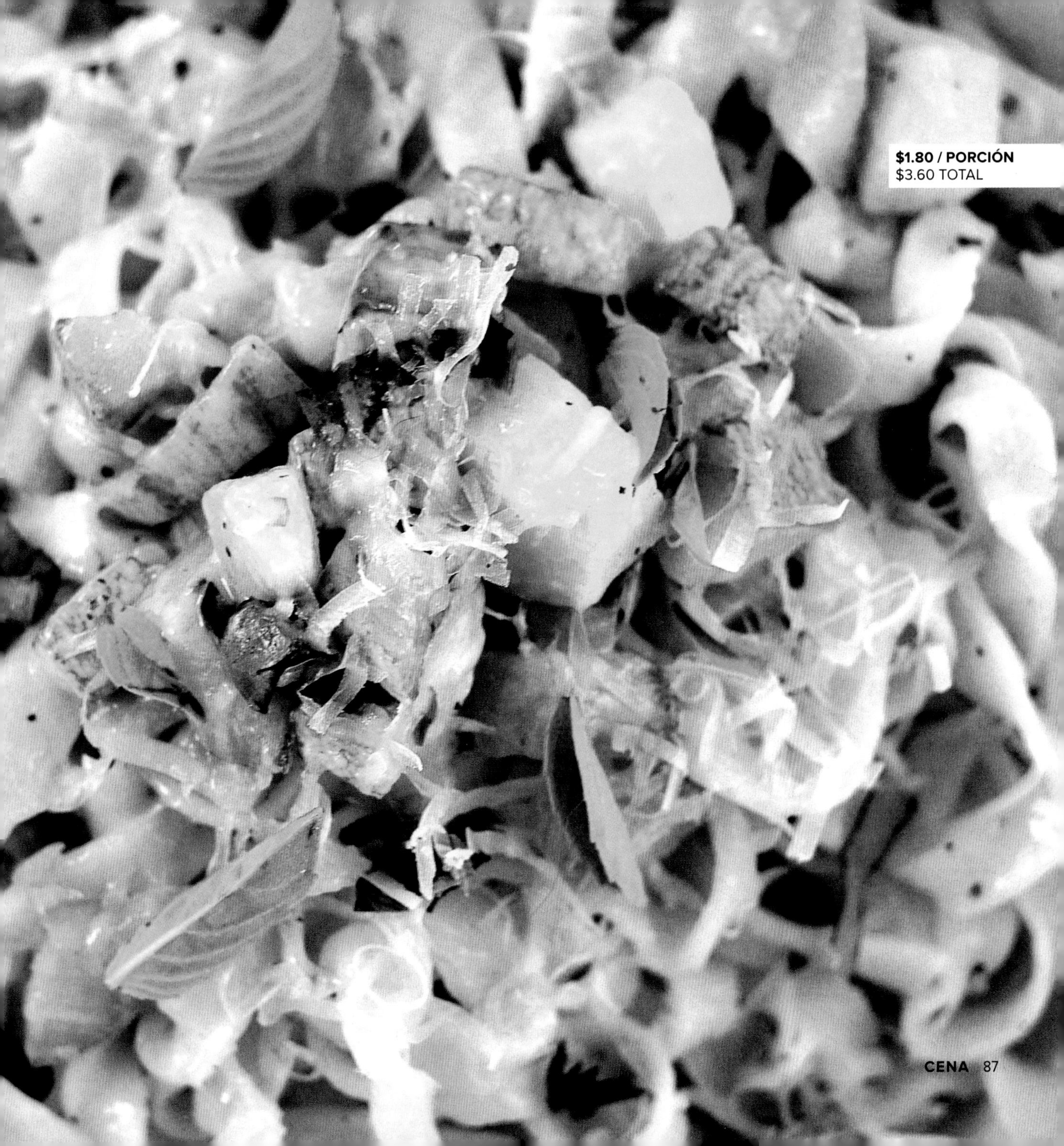
$1.80 / PORCIÓN
$3.60 TOTAL

$2.50 / PORCIÓN
$5 TOTAL

Pasta con berenjena y tomate

Este plato es similar a la tradicional *pasta alla norma,* pero sin las anchoas ni el queso ricotta salata. Resulta perfecto para las cenas veraniegas de entresemana. A mí me gusta usar pasta de forma tubular para preparar este plato, pero puedes utilizar cualquiera, incluso espaguetis. La berenjena y los tomates se combinan en una salsa espesa, con textura de jalea y con un rico sabor salado. PARA 3, O 2 SI HAY HAMBRE

sal

8 onzas de pasta rigatoni

2 cucharadas de aceite de oliva

1 berenjena grande, cortada en cubos

4 dientes de ajo, finamente picados

½ cucharadita de hojuelas de chile

2 tazas de tomates enlatados cortados en cubitos finos

¼ taza de queso romano o parmesano recién rallado

un poco de albahaca fresca picada finamente picada (opcional)

pimienta, al gusto

1 Calienta una olla con agua a fuego alto y rocíala bien con sal. Hiérvela y cocina la pasta según las instrucciones del paquete.

2 Mientras tanto, calienta un sartén ancho a fuego medio-alto y rócialo con el aceite de oliva. Deja que se caliente y, a continuación, agrega los cubitos de berenjena, espolvoréalos con la sal y cocínalos unos 5 minutos o hasta que empiecen a dorarse. Si empieza a verse un poco seca la berenjena, échale un poco de agua.

3 Una vez se hayan dorado los cubitos por todos lados, agrega el ajo y las hojuelas de chile y revuélvelos. Agrega los tomates y cocínalos revolviéndolos de vez en cuando, lo que tomará unos 15 minutos. Y al igual que antes, si tiene aspecto seco, agrega un poco de agua. Todo se achicará y formará un tipo de salsa espesa de poca consistencia.

4 Agrega la mitad del queso y la mitad de la albahaca, si la vas a usar, y revuélvelos.

5 Una vez se cocine la pasta, escúrrela y agrégala a la cacerola. Revuelve bien todo y, a continuación, apaga el fuego. Agrega sal y pimienta al gusto, y sirve la pasta en tazones, espolvoreada con el resto del queso romano y de la albahaca.

Espaguetis con atún y tomate

Ya se sabe que las latas de atún resultan estupendas en la preparación de sencillos y sustanciosos almuerzos de ensaladas o sándwiches, pero esos son apenas dos de sus muchos usos. El atún enlatado tiene un sabor ligero y una adorable textura fácil de desmenuzar que pegan bien con todo tipo de platos en los que quieras que haya más proteína. Este tradicional plato italiano de pasta lleva productos que uno encuentra comúnmente en la despensa y que te permiten preparar una rápida y bonita cena de entresemana. PARA 3, O 2 SI HAY HAMBRE

---

sal, al gusto

8 onzas de espaguetis

1 cucharada de aceite de oliva

4 dientes de ajo, finamente picados

1 taza de tomates enlatados picados o hechos puré (ver recuadro, página 29)

1 lata (5 onzas) de atún (ver recuadro)

½ taza de queso romano

pimienta, al gusto

AGREGADOS

2 filetes de anchoa, finamente picados

2 cucharadas de aceitunas picadas

¼ taza de Migajas de Pan (página 158)

1 cucharada de alcaparras

EN ESTA RECETA PUEDES UTILIZAR ATÚN EMPACADO EN ACEITE O EN AGUA. El que viene en aceite será un poco más fácil de revolver con los fideos, pero el que viene en agua funcionará igual de bien si agregas otra cucharada de aceite de oliva junto el atún.

---

1 Hierve una olla grande con agua y mucha sal y cocina los espaguetis según las instrucciones del paquete.

2 Mientras tanto, prepara la salsa. Calienta un sartén a fuego medio y agrega el aceite de oliva. Deja que se caliente el aceite y, a continuación, agrega y sofríe el ajo hasta que huela bien rico, lo que tomará 1 minuto.

3 Agrega el puré de tomates al ajo y revuélvelo en espiral por todo el sartén. Deja que se caliente la salsa durante 2 minutos antes de agregar el atún. Utiliza una cuchara de madera para romper el atún y cocínalo unos 3 minutos o hasta que se termine de calentar.

4 Agrega ¼ taza de queso romano rallado y reserva el resto para espolvorear. Prueba el plato y agrega sal y pimienta según haga falta. Reduce el fuego lo más que se pueda y ponle la tapa al sartén para mantenerlo caliente en lo que terminas de hervir los espaguetis.

5 Una vez ya estén los espaguetis, escurre la mayor parte del agua de la olla y reserva una pequeña cantidad. Vierte los espaguetis en el sartén de la salsa y revuelve todo junto. Si la salsa no se dispersa bien para recubrir los fideos, agrega un poco del agua de la pasta que reservaste y revuelve la salsa un poco más.

6 Ya recubiertos los espaguetis, sírvelos con el resto del queso romano por encima.

SI QUIERES CREAR un plato más complejo, incluye uno de los agregados, o más de uno. Las anchoas, las aceitunas y las alcaparras se las puedes agregar a la salsa al principio, pero utiliza las migajas al final junto con el queso romano que reservaste para darle al plato una textura más crujiente.

Coliflor con queso

Este es un plato de acompañamiento clásico en Gran Bretaña: cremoso, con salsa de queso sobre la coliflor, horneado hasta que los bordes queden crujientes y burbujeantes. Es como una versión más saludable y sabrosa de los macarrones con queso. Prueba con utilizar brócoli (brécol) o calabaza de invierno cocida en vez de la coliflor—a todos les encantará. Con el brócoli, este plato se convierte en una interpretación del clásico y a la vez vulgar brócoli con salsa de queso—solo que un poco menos vulgar. También puedes espolvorear este plato con migajas de pan antes de hornearlo si te gusta extracrujiente. Disfrútalo con una ensalada de hojas verdes. PARA 4

---

2 cucharaditas de sal, y más al gusto

1 cabeza (cogollo) de coliflor, cortada en pedazos tamaño bocado

1 cucharada de mantequilla, y más para el molde para hornear

3 dientes de ajo, finamente picados

½ cucharadita de hojuelas de chile

1 hoja de laurel

1 cucharada de harina de uso general

1½ taza de leche

6 onzas de queso cheddar fuerte, rallado

pimienta, al gusto

AGREGADOS

1 cucharada de mostaza de Dijon

4 cebollitas verdes, finamente picadas

cáscara rallada de 1 limón amarillo

1 cucharadita de páprika ahumada

½ cucharadita de tomillo seco

Migajas de Pan (página 158)

un poco de albahaca fresca finamente picada

1 Precalienta el horno a 400°F.

2 Hierve una olla grande con agua a fuego alto. Agrega la sal y la coliflor y, a continuación, deja reposar la coliflor durante 4 minutos.

3 Mientras tanto, ponle mantequilla a un molde para hornear en el que quepa bien toda la coliflor. Yo suelo utilizar un molde para pay (tarta). Escurre la coliflor y agrégala al molde.

4 Derrite la mantequilla a fuego medio en una cacerola mediana. Agrega el ajo, las hojuelas de chile y la hoja de laurel y cocínalos durante 1 minuto. Agrega la harina y revuélvela rápidamente. La preparación de harina y mantequilla lleva el nombre de roux. Si quieres que el roux se dore un poquito—probablemente conseguirás ese resultado con otro minuto. Agrega la leche a la cacerola poco a poco, revolviéndola todo el tiempo para incorporar el roux y preparar una salsa cremosa.

5 Continúa cocinando la salsa, revolviéndola de vez en cuando, de 5 a 7 minutos o hasta que rompa a hervir. Una vez aparezcan las burbujas, apaga el fuego e incorpora el queso en la salsa. Añade los agregados que quieras en este momento (excepto las migajas). Prueba la salsa y agrega sal y pimienta según haga falta. Retira las hojas de laurel. La salsa debe quedar cremosa, homogénea y con un rico sabor salado.

6 Vierte la salsa sobre la coliflor, espolvoreándola con las migajas, de así desearlo. Coloca el molde en el horno y hornea el plato unos 40 minutos o hasta que se dore y burbujee por arriba.

Verduras veraniegas con cobertura crujiente

Celebra las verduras más ubicuas del verano—los tomates y las calabacitas (zucchini)—con un crujiente bisquet (panecillo de mantequilla) a la pimienta al estilo sureño estadounidense que sirve de cobertura. Para variar, utiliza berenjena en vez de la calabacita. Pica la berenjena en pedazos de un bocado, ponle sal y resérvala durante 30 minutos antes de utilizarla en el Paso 2 de la misma forma que la calabacita. PARA 4

---

1 cucharada de aceite de oliva,
   y más para el molde

3 o 4 calabacitas (zucchini) o
   calabazas de verano de tamaño
   mediano, picadas en pedazos
   tamaño bocado

3 o 4 tomates grandes, enlatados o
   frescos, picados en pedazos
   tamaño bocado (ver recuadro)

3 dientes de ajo, finamente picados

4 cebollitas verdes finamente picadas

cáscara rallada de 1 limón amarillo

¼ taza de albahaca fresca (opcional)

sal y pimienta, al gusto

AGREGADO

½ taza (1 barra) de mantequilla sin sal

1½ taza de harina de uso general o
   de trigo entero

½ taza de harina de maíz

1 cucharada de polvo para hornear

½ cucharadita de sal

1 cucharadita de pimienta negra

1 cucharadita de páprika ahumada

½ taza de queso cheddar fuerte
   rallado, y más para espolvorear

1 taza de leche

un poco de hierbas culinarias frescas
   o de cebollitas picadas

1 Mantén la mantequilla para la cobertura en el congelador durante 30 minutos. Precalienta el horno a 425°F.

2 Ponle un poco de aceite a un molde para hornear de 8 por 10 pulgadas (o en cualquier otro molde para hornear en el que quepan bien las verduras) y amontona la calabacita, los tomates, el ajo, las cebollitas, la cáscara rallada de limón y la albahaca, si la vas a usar. Rocíalos con el aceite de oliva, espolvoréalos todos con generosas cantidades de sal y pimienta y mézclalos con las manos. Hornea las verduras 25 minutos mientras preparas el bisquet que utilizarás como cobertura.

3 Combina la harina de uso general, la harina de maíz, el polvo para hornear, la sal, la pimienta, la páprika y el queso en un tazón.

4 Una vez congelada la mantequilla, utiliza un rallador cuadrado (de caja) para rallarla sobre la preparación de harina. Soba con cuidado la mantequilla con los dedos para incorporarla a la harina hasta que la preparación tenga una consistencia que se desmorone sin dejar de ser grumosa.

Agrega la leche y forma la masa rápidamente. No la amases: La textura grumosa está bien y da como resultado una cobertura de textura hojaldrada. Pon la masa en el refrigerador hasta que las verduras salgan del horno.

5 Una vez hayas cocinado la mezcla de verduras durante 25 minutos, retírala del horno y, rápidamente, ponle por encima montoncitos de la masa de bisquet. Las verduras se seguirán viendo en algunas partes.

6 Hornea las verduras de 20 a 25 minutos o hasta que burbujeen y la cobertura se dore un poco. Espolvoréalas con un poco más de queso cheddar y con unas cuantas hierbas culinarias o cebollitas picadas.

> **SI LOS TOMATES QUE TIENES SON BIEN GRANDES Y JUGOSOS,** quizás te convenga quitarles algunas de las semillas y algo del jugo para que el plato final quede menos aguado. Si un poco de jugo no te molesta, simplemente déjalos tal cual.

Risotto de cebada con chícharos

Es triste que la cebada se utilice tan poco—aparte de en la ocasional sopa, raras veces hace acto de presencia. ¡Qué lástima! Tiene una textura chiclosa y sustanciosa y un sabor a nuez tan rico. En esta versión del risotto, se utiliza cebada en vez de arroz arborio para crear un plato que es menos cremoso pero más copioso y que requiere que se revuelva menos. La cebada y los chícharos hacen juego, pero al igual que en el caso del risotto regular, uno puede utilizar cualquier tipo de verdura—todo es cuestión de ajustar el tiempo de cocción de acuerdo a lo que uno escoja. Tendrá un sabor más a risotto tradicional si utilizas queso romano en vez del ricotta. PARA 3

1 taza de cebada perlada

5 tazas de caldo (ver recuadro)

1 cucharada de mantequilla

1 cebolla, picada

3 dientes de ajo, finamente picados

cáscara rallada y jugo de 1 limón amarillo

2 tazas de chícharos (arvejas, guisantes) congelados

½ taza de Queso Ricotta (página 163)

sal y pimienta, al gusto

2 rebanadas de tocino (tocineta), picado (opcional—ver recuadro)

DE SER POSIBLE, UTILIZA CALDO CASERO. A mí me gusta el de verduras, pero el de pollo sirve. El de carne de res y el de pescado quizás sean demasiado, pero podrían servir si utilizas otras verduras. Hasta servirían los cubitos de caldo disueltos en agua. Lo que no debes comprar es caldo de caja—es una gran estafa.

---

1 Precalienta el horno a 350°F.

2 Echa la cebada en una charola (bandeja) para hornear con borde, esparciéndola en una capa sin amontonarla. Colócala en el horno y hornéala unos 10 minutos o hasta que esté bien doradita. Si no tienes tiempo, omite este paso.

3 Calienta una ollita a fuego bajo y agrega el caldo. Solo tiene que calentarse y permanecer caliente.

4 Derrite la mantequilla a fuego medio en una olla grande con fondo pesado. Agrega la cebolla y cocínala unos 3 minutos o hasta que quede translúcida. Agrega el ajo y cocínalo otro minuto.

5 Agrega la cebada tostada y la cáscara rallada de limón, revolviendo para recubrirlas con la mantequilla y la cebolla. Agrega un cucharón lleno de caldo y revuelve. Cocina la cebada unos 30 minutos, revolviéndola de vez en cuando y agregando otro cucharón lleno de caldo cuando parezca que le

haga falta. Reduce el fuego si notas que se consume rápido el caldo.

6 A los 20 minutos habrás de haber utilizado unas 4 tazas de caldo. Agrega los chícharos congelados y otra ½ taza de caldo. Revuelve hasta que se absorba el caldo. Prueba un poco de la cebada para ver si ya se terminó de cocinar. No debe quedarle duro el centro y la cebada debe estar suave, pero debe conservar su textura chiclosa y quedar entera. Si no se ha terminado de cocinar por completo, agrega la ½ taza restante de caldo, revuelve y sigue cocinando. Cuando ya esté, agrega el jugo de limón con el queso ricotta y revuelve. Prueba el plato y agrega sal y pimienta según haga falta. Debes ser generoso con la pimienta, pero la sal dependerá de cuanta sal tenga el caldo, así que estate al tanto.

SI QUIERES UTILIZAR TOCINO (TOCINETA), agrégalo en el Paso 4 en vez de la mantequilla. Deja que se ponga crujiente y que suelte su grasa. Continúa con el Paso 4.

$0.65 / PORCIÓN
$3.90 TOTAL

Jambalaya de verduras

Yo no preparo el guiso de aroz, la jambalaya, exactamente de la misma manera que la preparan en el Sur de los Estados Unidos, pero esta versión repleta de verduras es más rápida e igualita de rica—una comida de esas de las que llevan de todo. Es picante, tiene un rico gusto salado y sumamente sustanciosa. Sus sobrantes resultan estupendos en burritos o recalentados con un huevo frito a caballo. PARA 6

2 cucharadas de aceite vegetal o de mantequilla

1 cebolla mediana, picada

1 pimiento verde, sin cabito ni semillas y picado

3 tallos de apio, finamente picados

3 dientes de ajo, finamente picados

½ chile verde pequeño, finamente picado

2 tomates grandes, picados

2 hojas de laurel

1 cucharadita de páprika

1 cucharadita de ajo en polvo

1 cucharadita de pimienta roja (de Cayena)

½ cucharadita de tomillo seco

½ cucharadita de orégano seco

1 cucharadita de salsa Worcestershire o de salsa de soya (soja)

¾ taza de arroz de grano largo

3 tazas de caldo de verduras o de pollo

sal y pimienta, al gusto

AGREGADOS

rebanadas de salchicha frita

camarones

sobrantes de carne, tofu o frijoles

1 Calienta una olla grande de fondo pesado a fuego medio-alto y agrega el aceite. Ya caliente, agrega la cebolla, el pimiento y el apio y cocínalos unos 5 minutos hasta que queden translúcidos sin haberse dorado.

2 Agrega el ajo, el chile, los tomates, las hojas de laurel, la páprika, el ajo en polvo, la pimienta roja, el tomillo, el orégano, la sal, la pimienta negra y la salsa Worcestershire. Cocínalo aproximadamente 1 minuto o hasta que los tomates suelten algo de su jugo.

3 Agrega el arroz y, despacio, el caldo. Reduce el fuego a medio y cocina el plato hasta que el arroz absorba todo el líquido, lo que tomará de 20 a 25 minutos. Si vas a utilizar cualquiera de los agregados, ponlos a cocinar con el arroz después de los primeros 15 minutos.

4 Prueba el plato y ajusta la sal, la pimienta y las demás especias.

Picante, cremosa y crujiente polenta

Polenta + verduras + huevo = sustancioso y delicioso. También le puedes agregar una lata de granos de elote (maíz, choclo) a la polenta para darle todo un estallido de sabor. O agregar chícharos (arvejas, guisantes) congelados, cebollitas verdes o (mi favorito) chiles verdes para variar un poco. O olvídate del queso romano y agrega ¼ taza de queso cheddar rallado para maximizar el factor de queso. PARA 2

½ cucharadita de sal, y más al gusto

½ taza de polenta o de harina de maíz

4 tazas de espinaca fresca o
    1 taza de espinaca congelada
    ya descongelada

3 dientes de ajo

1 anchoa (opcional)

1 cucharada de aceite vegetal o
    de mantequilla

½ cucharadita de hojuelas de chile o
    1 chile fresco picado

2 huevos

un poco de queso romano o
    parmesano recién rallado

pimienta, al gusto

1 Agrega 2 tazas de agua a una olla mediana y hiérvela a fuego medio-alto. Agrega la sal, reduce el fuego luego y, despacio, vierte dentro la polenta, revolviéndola vigorosamente con una cuchara de madera. Es crucial revolverla mientras la viertes para que la polenta quede cremosa y sin grumos. Una vez se obtenga una consistencia homogénea y espesa, deja la cuchara en la olla y pon la tapa, medio sesgada para que pueda escapar el vapor.

2 Deja que se cocine la polenta en lo que preparas el resto de la comida, verificándola de vez en cuando para revolverla. El tiempo total de cocción debe ser de 25 a 30 minutos, pero si estás con prisa, se puede comer a los 15.

3 Mientras tanto, pica la espinaca en trozos gruesos. Pica el ajo y la anchoa, si la vas a utilizar, en trocitos finos y resérvalos.

4 Calienta un sartén a fuego medio y agrega la mitad del aceite de oliva. Calienta el aceite hasta que chisporrotee cuando lo rocías con un poco de agua. Agrega el ajo, la anchoa y las hojuelas de chile. Cocina aproximadamente 1 minuto o hasta que tengan olor. Agrega la espinaca y revuélvela con movimientos circulares utilizando tenazas de cocina o simplemente meneando el sartén para recubrir la espinaca con la preparación con ajo. Cocina de 3 a 5 minutos o hasta que se ablande la espinaca. Apaga el fuego y lleva la mezcla a un tazón en espera de la polenta y los huevos.

5 Cuando la polenta esté a unos 2 minutos de terminar de cocinarse, empieza con los huevos. Usa un paño para limpiar con cuidado el sartén que acabas de utilizar y caliéntalo otra vez a fuego medio. Agrega el resto del aceite de oliva. Cuando ya esté caliente el aceite, rompe los huevos en el sartén y pon la tapa para cocinarlos al vapor de 1 a 2 minutos. Obtendrás huevos fritos estrellados con claras completamente cocidas.

6 Pon la polenta en dos tazones. Agrega un poco de queso romano y muchísima sal y pimienta. Cubre la polenta con la preparación de espinaca.

7 Ya cocidas las claras, retira los huevos del sartén utilizando una espátula y colócalos sobre la espinaca. Espolvoréalos con un poco más de queso y de sal y pimienta.

Caldo con tofu

De veras que me entusiasmé cuando mi amiga me pidió una receta que llevara los sabores chinos con los que me crié. Después de todo, la cocina china depende de los mismos principios generales de *Bueno y Barato*: Realzar el sabor con ingredientes clave y utilizar muchísimas verduras con solamente un poco de carne o de pescado. El efecto que da una pequeña cantidad de aceite de ajonjolí (sésamo) tostado es extraordinario—es una inversión modificadora de sabores. Utiliza cualquier verdura que tengas por ahí. PARA 4

1 cucharada de jengibre finamente rallado (ver recuadro)

4 dientes de ajo, finamente rallados

½ libra de champiñones (hongos, setas), picados

1 cucharadita de pasta de chile

2 cucharadas de salsa de soya (soja)

2 cucharaditas de aceite de ajonjolí (sésamo) tostado

1 libra de tofu firme

4 cebollas medianas, picadas

4 cebollitas verdes, sus partes blancas y verdes separadas y picadas

8 onzas de espaguetis secos, fideos soba (de trigo sarraceno) o cualquier tipo de fideo oriental

puñado de brotes (germinados) de frijoles (opcional)

AGREGADOS

1 libra de carne de pollo, de cerdo o de res en vez del tofu

cacahuates (maníes)

picados

chiles, finamente picados

un poco de cilantro fresco picado

kimchi, para servir como cobertura

1 rábano japonés (daikon), en rebanadas, para servir como cobertura

1 Calienta el jengibre y el ajo en una sartén a fuego medio. Unos pocos segundos más tarde, una vez haya empezado a oler el ajo, vierte dentro 8 tazas de agua. Deja hervir; reduce el fuego a bajo. Agrega los champiñones, la pasta de chile, la salsa de soya y el aceite. Pon la tapa y mantén un hervor suave durante 20 minutos.

2 Corta el tofu en 4 rebanadas; corta cada una en 8 pedazos cuadrados. (O simplemente pícalas de la forma que quieras.)

3 Agrega al caldo el tofu, las zanahorias y las partes blancas de las cebollitas. Cocina unos 10 minutos más o hasta que se suavicen las zanahorias.

4 Agrega los fideos y hiérvelos hasta que se suavicen, lo que suele tomar unos pocos minutos, aunque eso depende del tipo de fideo. Examina las instrucciones del paquete para obtener los tiempos de cocción específicos.

5 Prueba el caldo. Si no está lo suficientemente salado, échale más salsa de soya. Ajusta el aceite de ajonjolí y la pasta de chile también a tu gusto.

6 Vierte la sopa en tazones. Quedará un poco más crujiente si la cubres con brotes de frijoles, si los vas a usar, y con las partes verdes de las cebollitas.

> **EL JENGIBRE QUE COMPRES,** almacénalo en el congelador. Es mucho más fácil rallarlo ¡congelado! No te hará falta pelarlo—solo tienes que rallarlo y se descascará solo. (Se conservará por un par de meses.)

> **SI TE QUEDAN SOBRANTES,** verás que esta sopa te gustará aun más al día siguiente. Durante la noche, los sabores los absorberá el tofu. Por otro lado, quizás te convenga almacenar los fideos aparte porque si no, quedarán muy blandos.

Enrollados de repollo sin rollo

Preparar guisados al horno es una manera estupenda de ejercitar tus destrezas en el arte de cocinar sin receta. Como me lo recordó una de mis lectoras, Carolie, requieren poco tiempo de preparación, rinden muchas comidas y los sobrantes se conservan bien en el refrigerador o en el congelador. Así que aquí te presento mi adaptación de uno de los guisados favoritos de Carolie que ya es de por sí una interpretación de los enrollados de repollo, el tradicional plato de Europa del Este que es delicioso pero trabajoso. Esta versión es una buena manera de utilizar los sobrantes de arroz o de granos y lentejas, incluidos los del Arroz Arcoíris (página 164). El tipo de salchicha que utilicé es el chorizo porque se consigue fácilmente en mi vecindario y me encanta su picante sabor ahumado, pero tú puedes utilizar el que te guste. PARA 6

1 cucharada de mantequilla

1 salchicha fresca, unas 4 onzas

1 cebolla, picada

4 dientes de ajo, finamente picados

1 repollo (col) pequeño o ½ repollo grande, sin su centro y picado

sal y pimienta, al gusto

3 tazas de arroz cocido (página 164)

4 tazas de lentejas cocidas

3½ tazas de tomates enlatados hechos puré o de la Salsa de Tomate Insuperable (página 127)

AGREGADOS

Migajas de Pan (página 158), para servir como cobertura

aceitunas

chícharos (arvejas, guisantes) o elote (maíz, choclo)

queso

cualquier combinación de especias

VARIACIONES

carne molida de res, de pavo o de cerdo en vez de las lentejas y de la salchicha

acelga suiza (*Swiss chard*) u hojas de berza (*collards*) en vez del repollo (col)

1 Precalienta el horno a 350°F. Rocía una cazuela grande con un poco de aceite.

2 Derrite la mantequilla a fuego medio en un sartén grande. Retira la piel de la salchicha y desmorona la carne cruda en el sartén. Sofríe la carne unos 5 minutos o hasta que ya no esté rosada, y, a continuación, ponla en un tazón grande.

3 Pon la cebolla y el ajo en el sartén que tiene la grasa de la salchicha y sofríelos. Una vez ya esté translúcida la cebolla, lo que tomará unos 3 minutos, agrega el repollo y sofríelo de 5 a 7 minutos o hasta que se suavice lo suficiente para pincharlo con un tenedor. Condiméntalo generosamente con sal y pimienta.

4 Mientras se cocina el repollo, mezcla el arroz y las lentejas con la salchicha del tazón. Agrega la sal, la pimienta y cualquier otra especia o agregado que te guste. Asegúrate de probar la preparación cuando la condimentes. Tendrás una deliciosa comida si quedan sabrosas ambas partes del guisado. Te quedará sosa si no la condimentas bien.

5 Esparce la mitad de la preparación de lentejas, arroz y salchichas de forma pareja en la cazuela de modo que no se amontonen. A continuación, esparce la mitad de la preparación de repollo por encima. Luego y lo más parejo que sea posible, vierte la mitad del puré de tomates sobre todos los ingredientes. Repite las capas y espolvoréalas con sal y pimienta. Si vas a agregar migajas, espolvoréalas por encima.

6 Hornea el guisado unos 30 minutos o hasta que esté caliente y burbujee.

método
VERDURAS ASADAS

Cuando el tiempo se pone frío, a mí me gusta comer alimentos calientes y sabrosos. Asar en el horno es fácil, calienta la cocina y hace que la casa tenga el olor de los días festivos. Si no estás segura de cómo preparar una verdura nueva, no te equivocarás si la asas al horno—la mayoría de ellas quedan más dulces y con unas ricas partes crujientes. Si asas un montón de verduras al principio de la semana, las podrás consumir de diferentes maneras toda la semana: con huevos de desayuno, dentro de una omelette, como plato de acompañamiento, en tacos o sándwiches, en pedazos de pan tostado o con cualquier tipo de grano.

aceite de oliva o mantequilla

sal y pimienta, al gusto

RAÍCES

papas, camotes (batatas), betabeles (remolachas), nabos, cebollas, chirivías, zanahorias, tupinambos (alcachofas de Jerusalén, patacas), colirrábanos (colinabos, col rábanos), raíces de hinojo

OTRAS VERDURAS

pimientos, calabaza de invierno, brócoli (brécol), coles de Bruselas, coliflor, espárragos, berenjenas

AGREGADOS

dientes de ajo enteros sin pelar

rebanadas o cáscara rallada de limón amarillo

cualquier agregado que combine con pollo asado

hierbas culinarias fuertes como la salvia, el orégano, el tomillo o las hojas de laurel

cualquier combinación de especias (página 149)

tu salsa favorita, algún queso suave o mayonesa para servir

1 Precalienta el horno a 400°F.

2 Limpia las verduras. Por lo general, yo prefiero dejarles la piel. Sabe rica, queda crujiente y es muy nutritiva, ¡y pelar es una tarea exigente! Asegúrate de lavar las verduras por completo.

3 Pícalas. Hay muchas verduras que quedan bien asadas enteras, como las papas o los tupinambos y nabos pequeños—quedan crujientes y saladas por fuera y repletas de un rico sabor esponjoso y almidonado. Sin embargo, el criterio general es que entre más pequeños sean los pedacitos, más rápido se cocinan, así que trata de que todos sean más o menos del mismo tamaño.

4 Echa las verduras en una asadera (fuente para horno). Rocíalas todas con aceite de oliva o con mantequilla derretida—unas 2 cucharadas para cada asadera de tamaño estándar. Condiméntalas con cantidades generosas de sal y pimienta y ponles cualquier otro tipo de agregado de la lista. Recubre bien las verduras con el aceite y con las especias utilizando las manos.

5 Pon la asadera en el horno. Por lo general las verduras de raíz necesitan hornearse por lo menos 1 hora, pero verifícalas después de 30 minutos. Los otros tipos de verduras solo necesitan de 25 a 30 minutos, así que verifícalas antes. Pínchalas con un cuchillo para ver si ya están. Si el cuchillo no encuentra resistencia, ya están; en caso contrario, deja que se cocinen por más tiempo (en particular, no te van a gustar las verduras de raíz poco cocidas—salen malísimas). No te preocupes si las dejas dentro mucho tiempo. A diferencia de las verduras demasiado cocidas que has hervido o cocinado al vapor, las asadas quizás queden un poco secas, pero conservarán su forma y sabor.

6 Después de sacar las verduras del horno, **revuélvelas con una espátula para despegarlas de la asadera.** Retira los dientes de ajo que hayas usado y machácalos hasta formar una pasta fina (retira la piel en este momento), y, a continuación, pon el ajo de vuelta en la asadera y revuélvelo. Exprime el jugo de los limones que hayas usado y deshazte de los trocitos de aspecto leñoso de las hierbas culinarias que hayas asado.

7 Agrega un poco más de mantequilla, un poquito de tu salsa favorita o un poquito de queso suave o mayonesa, y sirve el plato.

Chana masala

Este plato indio de garbanzos es un alimento básico muy apreciado en casa. Si no tienes garbanzos cocidos, puedes usar los enlatados, pero costarán $1 más. Tendrás una comida completa si sirves la chana masala sobre arroz o con Pan Roti (página 152). PARA 2

---

1 cucharada de semillas de cilantro o coriandro molidas

1 cucharadita de cúrcuma molida

¼ cucharadita de cayena en polvo

½ cucharadita de garam masala

1 cucharadita de páprika ahumada (opcional)

½ cucharadita de sal, y más al gusto

½ cucharada de mantequilla clarificada (ghee) (ver recuadro) o ½ cucharada de mantequilla y un poco de aceite de oliva

1 cucharadita de semillas de comino

1 cebolla pequeña, picada

3 dientes de ajo, finamente picados

1 cucharadita de jengibre rallado

½ chile jalapeño, finamente picado (sin las semillas para que sean menos picantes)

1 taza de tomates enlatados hechos puré (ver recuadro, página **29**)

2½ tazas de garbanzos cocidos, escurridos

DECORACIONES

cilantro fresco picado

Salsa Raita (página **147**) o yogur

1 Cocina el cilantro, la cúrcuma, la cayena, la garam masala, la páprika ahumada, si la vas a usar, y la sal en un tazón pequeño.

2 Derrite la mantequilla clarificada a fuego medio-bajo en una cacerola pequeña. Una vez empiece a chisporrotear, agrega las semillas de comino y revuélvelas durante unos 5 segundos hasta que suelten su olor. Agrega la cebolla y sofríelas de 2 a 3 minutos o hasta que se suavice un poco. Agrega el ajo y cocínalo 2 minutos. Agrega el jengibre y el chile jalapeño y cocínalos 1 minuto más. Agrega la mezcla de especias que preparaste en el Paso 1 y, a continuación, el puré de tomates. Revuelve y, a continuación, pon la tapa y deja que se reduzca el volumen de la mezcla al cocinarse, lo que tomará de 5 a 10 minutos.

3 Una vez que el tomate se reduzca y empiece a separarse de la salsa la mantequilla clarificada, agrega los garbanzos y ½ taza de agua. Revuélvela y hiérvela y, a continuación, reduce el fuego para mantener un hervor suave. Cocina los garbanzos durante 10 minutos y, a continuación, aplástalos con el dorso de una cuchara para espesar la salsa antes de servir. Decora el plato con el cilantro y con la Salsa Raita (página **147**).

LA MANTEQUILLA CLARIFICADA (GHEE), alimento básico en la cocina india, es simplemente mantequilla a la que se le han removido los sólidos de la leche. Resiste más que la mantequilla regular las altas temperaturas sin quemarse. La puedes preparar en casa derritiendo la mantequilla y dejando que suban a la superficie los sólidos de leche blancos. Retíralos con una cuchara y deshazte de ellos. El líquido dorado que queda es la mantequilla clarificada. Almacénala en el refrigerador.

Chícharos de ojos negros con berzas

Esta receta es similar a la clásica receta *Hoppin' John* de la cocina sureña de los Estados Unidos, pero más sencilla porque la berza (*collards*) y los chícharos se cocinan en la misma cacerola. Si las tienes, puedes agregar a la base más verduras junto con la cebolla—el apio, la zanahoria, el pimiento y unos cuantos tomates enlatados quedarían estupendos. Si quieres olvidarte del tocino, solo tienes que agregar páprika ahumada para reponer el sabor ahumado. Este plato combina bien con arroz, o con cualquier otro tipo de grano, o con pan tostado o con pan plano (*flatbread*). PARA 4

1 taza de chícharos de ojos negros (frijoles carita, chícharos salvajes, caupí) secos

1 cucharada de mantequilla

1 cebolla grande, finamente picada

3 dientes de ajo, finamente picados

3 tiras de tocino (tocineta), cortado en pedacitos

1 hoja de laurel

1 manojo grande de hojas verdes de berza (*collards*)

1 cucharadita de sal, y más al gusto

pimienta, al gusto

1 Pon a remojar los chícharos de ojos negros toda la noche en un tazón con 4 tazas de agua.

2 Derrite la mantequilla a fuego medio en una cacerola grande. Agrega la cebolla, el ajo, el tocino y la hoja de laurel. Pon la tapa y déjala en su sitio durante 2 minutos. Revuelve la cebolla de vez en cuando mientras la cocinas unos 5 minutos o hasta que quede translúcida y empiece a ponerse crujiente el tocino.

3 Escurre los chícharos de ojos negros y ponlos en la cacerola. Cúbrelos con agua y reduce el fuego a medio-bajo. Cocina los chícharos de 30 minutos a 2 horas. El tiempo de cocción dependerá de lo viejo que sean los chícharos, algo que es difícil de predecir. Los chícharos ya están cuando es fácil aplastarlos en la encimera (mostrador) utilizando el dorso de una cuchara. Verifícalos cada media hora aproximadamente y, si se evapora, agrega más agua (de preferencia caliente) para sumergirlos.

4 En lo que se cocinan los chícharos, apila varias hojas verdes de berza sobre la tabla para cortar y recórtales el tallo central a las hojas. Deshazte de los tallos. Lava bien la berza y pícala en pedazos del tamaño de un bocado. En todo caso, también puedes trocear la berza en pedacitos con las manos.

5 Una vez cocidos los chícharos, agrega la berza a la cacerola y pon la tapa. Agrega la sal y algo de pimienta recién molida y, a continuación, revuelve los chícharos. Prueba el líquido y los chícharos y agrega más sal en caso de hacer falta. Pon la tapa y cocina la berza tapada de 10 a 15 minutos o hasta que se suavice. Retira el plato del fuego y sírvelo.

Quiche de verduras sin corteza

Por más que me guste caliente, la quiche me gusta aun más fría acabada de salir del refrigerador al día siguiente. Resulta genial y rápida de desayuno o de almuerzo (acompañada con un plato de ensalada). La quiche de esta fotografía lleva brócoli (brécol), pero la puedes preparar con casi cualquier tipo de verdura. Entre mis favoritas están los chiles verdes asados con queso cheddar, la calabaza de invierno con queso de cabra, la calabacita (zucchini) con tomates o la espinaca con aceitunas. La cebolla esparcida por el fondo de la quiche forma una capa crujiente que da más textura. PARA 4

---

1 cucharada de mantequilla

1 cebolla grande, rebanada en medias lunas

1 cucharadita de sal, y más al gusto

½ cucharadita de pimienta, y más al gusto

3 o 4 tazas de verduras picadas (ver recuadro)

8 huevos

1 taza de leche

1 taza de queso cheddar o de cualquier otro tipo rallado

1 Precalienta el horno a 400°F.

2 Derrite la mantequilla a fuego medio en un sartén de hierro fundido o en un sartén refractario. (Si el sartén que tienes no es refractario, traslada todo a un plato para pay [tartera] en el Paso 3 para hornearlo.) Agrega las rebanadas de cebolla y espolvoréalas con un poco de sal y pimienta. Cocina la cebolla unos 10 minutos o hasta que esté bien doradita y empiece a caramelizarse.

3 Retira el sartén del fuego y esparce la cebolla en el fondo de forma pareja. Esparce las verduras de forma pareja sobre la cebolla. El plato para pay o dl sartén deben de verse bastante llenos.

4 Pon los huevos junto con la leche, el queso, 1 cucharadita de sal y ½ cucharadita de pimienta en un tazón y bátelos suavemente con un tenedor justo hasta que se rompan las claras y las yemas. Esta preparación es como una natilla salada. Vierte la natilla sobre las verduras y la cebolla y entretente viendo como llena todos los espacios abiertos.

5 Lleva la quiche al horno y hornéala 1 hora. Ya estará cuando quede un poco dorada toda su superficie.

6 Déjala enfriar unos 20 minutos y, a continuación, córtala en cuñas.

EN CASO DE UTILIZAR VERDURAS MÁS RESISTENTES COMO EL BRÓCOLI, la coliflor o la calabaza de invierno, sugiero que antes de agregarlas a la quiche, las cocines, al vapor o de otra forma, para asegurarte de que se cocinen por completo. En cuanto a los tomates, las calabacitas (zucchini), la espinaca o cualquier otro tipo de verdura de rápida cocción, basta con que sean frescos.

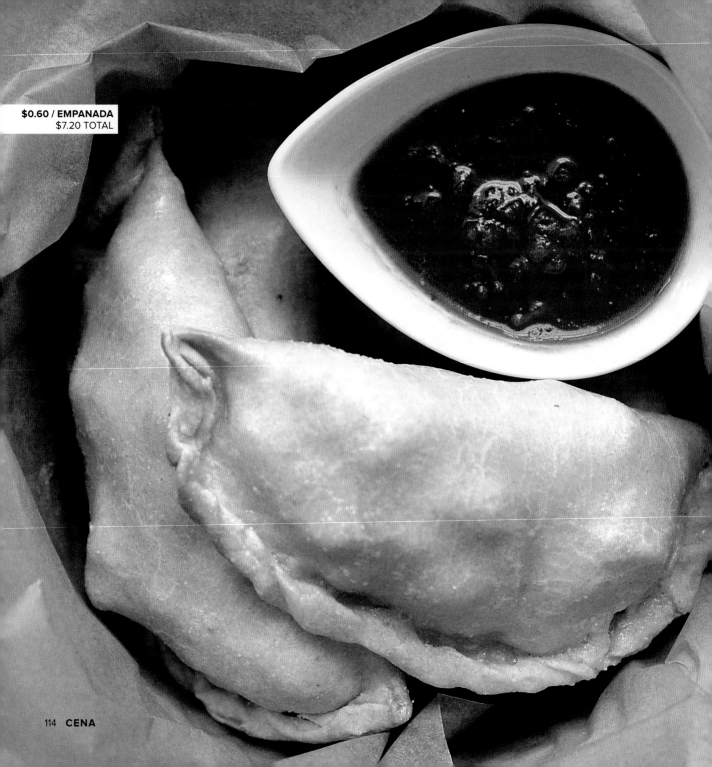

Empanadas de brócoli, huevo y queso

Todas las culturas tienen su propia versión de masas con rellenos sabrosos—es la combinación perfecta. Así que encontrar empanadas, bolitas de masa, pierogi y calzones no es tan loco—¿no? Mi amiga Barb es de la misma opinión, así que ideé esta receta para ella. No es tradicional que las empanadas lleven harina de maíz—es que a mí me gusta la textura crujiente que le da al plato. Si quieres, puedes utilizar más harina de uso general en vez de la de maíz. RINDE 12 EMPANADAS

---

aceite o mantequilla, para la charola (bandeja) para hornear

MASA

¼ taza (½ barra) de mantequilla

2 tazas de harina de uso general o de trigo entero, y más para estirar la masa con el rodillo

½ taza de harina de maíz

½ cucharadita de sal

1 huevo

½ taza de agua fría

RELLENO

4 tazas de brócoli (brécol) picados, tanto los floretes (cogollitos) como los tallos

8 huevos

2 dientes de ajo, finamente picados

½ cucharadita de hojuelas de chile

sal y pimienta, al gusto

1 taza de queso cheddar fuerte rallado

1 Precalienta el horno a 400°F. Unta 2 charolas (bandejas) para hornear con un poco de aceite o de mantequilla.

2 Prepara la masa: Deja el ¼ taza de mantequilla en el congelador durante 10 minutos. Mientras tanto, mezcla la harina de uso general, la harina de maíz y la sal en un tazón grande. Ralla la mantequilla fría directamente en la mezcla de harina. Aprieta la mantequilla con las manos limpias y con cuidado para incorporarla a la harina hasta que tenga apariencia de migajas de pan.

3 Forma un cráter en la preparación de harina. Rompe 1 huevo y viértelo dentro con el agua fría. Revuelve la masa con las manos hasta que se forme una bola suave. En caso de que estés utilizando harina de trigo entero y de que la masa se vea seca, agrega otra cucharada de agua. Envuelve la bola de masa con plástico o tápala con una toalla húmeda.

4 Prepara el relleno: Calienta un sartén grande a fuego medio y agrega el brócoli y 1 taza de agua. Pon la tapa y cocina el brócoli de 5 a 7 minutos o hasta que se suavice y se evapore el agua.

5 Mientras tanto, rompe los 8 huevos en un tazón. Agrega el ajo, las hojuelas de chile, la sal y la pimienta y bátelos un poco para combinarlos.

6 Una vez suavizado el brócoli, vierte los huevos en el sartén del brócoli y revuélvelos un poco por unos 2 minutos. Apaga el fuego, agrega el queso y revuélvelo otra vez.

7 Espolvorea la encimera (mostrador) con un poco de harina. Desenvuelve la masa y divídela en 12 pedazos iguales. Haz rodar cada pedazo en las manos para formar bolas; utiliza un rodillo para aplastarlas y formar círculos finos que sean un poco más grandes que posavasos. Coloca un poco de relleno—como un montoncito de ⅓ taza—en uno de los lados de cada pedazo circular; dóblalo por la mitad para formar la media luna. Pincha los bordes juntos y coloca la empanada sobre la charola que preparaste. ¡Repite el procedimiento!

8 Hornea las empanadas unos 20 minutos o hasta que queden bien doraditas. Déjalas enfriar 10 minutos antes de servir.

Rollitos de papa y kale con salsa raita

Estos rollitos resultan estupendos para preparar una comida cuando hay sobrantes de Pan Roti (página 152) y de Salsa Raita (página 147). Las opciones de relleno son infinitas—esta rápida versión con papas y verduras es sabrosa y sustanciosa. PARA 4

1 cucharada de mantequilla clarificada (ghee) o regular (ver recuadro, página 109)

1 cucharadita de semillas de comino

1 cebolla pequeña, finamente picada

3 dientes de ajo, finamente picados

1 cucharada de jengibre finamente rallado

1 cucharadita de cúrcuma molida

1 cucharadita de semillas de cilantro o coriandro molidas

1 cucharadita de pimienta roja (de Cayena)

1 cucharadita de sal, y más al gusto

2 papas grandes o 4 papas medianas, picadas

1 manojo de kale (col rizada) o de espinaca, sin los tallos, picada

8 pedazos de Pan Roti (la mitad de la receta de la página 152)

un poco de cilantro fresco picado

Salsa Raita (página 147)

1 Calienta un sartén a fuego medio y agrega la mantequilla. Una vez caliente, agrega las semillas de comino y deja que chisporroteen durante 5 segundos antes de agregar la cebolla. Deja cocinar la cebolla durante 2 minutos mientras la revuelves de vez en cuando.

2 En un tazón pequeño, combina el ajo, el jengibre, la cúrcuma, el cilantro, la pimienta roja, la sal y 1 cucharada de agua.

3 Agrega las especias a la mezcla de cebolla y, revolviéndolas, cocínalas otros 2 minutos más. Tendrá un fuerte aroma. Este paso es importante ya que las especias se tostarán y se pondrán olorosas.

4 A continuación, agrega las papas y revuélvelas con la cebolla y con la mezcla de especias para recubrirlas. Agrega 1 taza de agua aproximadamente y ponle la tapa al sartén. Cocina las papas unos 10 minutos, revolviéndolas de vez en cuando, hasta que se suavicen. Agrega más agua en caso de hacer falta. El agua sirve para que todo se cocine de forma pareja, pero el resultado deseado es que las papas te queden secas y con tan solo la cantidad suficiente de humedad para que no se peguen. Asegúrate de que se evapore el agua que agregues.

5 Hazles la prueba del tenedor a las papas: Si las perforas con facilidad, ya están. Una vez estén, agrega la kale y revuélvela de 1 a 2 minutos hasta que se suavice. Prueba el plato y agrega más sal según haga falta.

6 Para armar los rollitos, pon ⅛ de la mezcla a lo largo del centro de uno de los pedazos de pan roti para formar una línea pareja. Enróllalo.

7 Sirve 2 panes roti por persona, con cilantro y un montoncito generoso de salsa raita, ya sea dentro del rollito o como acompañamiento.

ideas
HOT DOGS VARIADOS

Aunque sea todo un deleite comer hot dogs en esos cálidos días de verano, no son tan interesantes cuando es lo único que tienes en el refrigerador, o es lo único que comería un niño quisquilloso. Pero sal de esa idea de que son aburridos los hot dogs. Sean de carne de cerdo o de res, o kosher, o vegetarianos, los hot dogs cobran vida con una generosa cantidad de agregados de verduras. Te sugerimos las siguientes ideas para empezar.

❶ Rápidas zanahorias a la teriyaki $0.75 TOTAL

Esta rápida salsa a la teriyaki resulta estupenda sobre todo tipo de verduras.

2 cucharadas de salsa de soya (soja)

1 cucharadita de azúcar morena

1 diente de ajo, rallado

2 a 3 zanahorias, ralladas

1 Calienta a fuego medio la salsa de soya, el azúcar morena y el ajo en un sartén.

2 Una vez disuelta el azúcar, incorpora las zanahorias y cocínalas unos 2 minutos.

❷ Pepinos al eneldo con sal y vinagre $1.20 TOTAL

Estos ricos pepinos son una rápida versión de los pepinillos. Agrega 1 cucharada de eneldo o de semillas de mostaza para realizar el sabor de pepinillo. Se conservarán una semana en un recipiente sellado dentro del refrigerador.

1 pepino (de campo abierto)

2 cucharadas de vinagre

1 cucharadita de sal

1 Corta el pepino en rebanadas finas.

2 Ponlo en un tazón junto con el vinagre y la sal; revuelve. Déjalo marinar 20 minutos.

❸ Elotes de elotero ambulante (página 47)

Solo tienes que desgranar el elote y mezclar los granos con mayonesa, chile en polvo, queso y limón verde (lima).

❹ Ensalada de repollo con cacahuates (página 43)

Pica el repollo (col) en trocitos finos para poder distribuirlo de forma pareja sobre el hot dog.

❺ Salsa fresca (página 145)

Trata de escurrir un poco del jugo para que el pan no quede muy aguado. Añádele totopos (chips de tortilla) triturados para un toque crujiente.

❻ Ensalada de piña, dulce o no dulce (página 30)

Esta combinación es clásica, especialmente ¡con carne de cerdo! Pica la piña en trocitos finos para que no se salga.

Pizzas de papa y puerro

Es obvio que debes preparar todo tipo de pizzas. En serio, prepáralas. Haz que sea la tradición de los jueves por la noche y una excusa para utilizar los sobrantes. La pizza es una variante que burla toda expectativa—prueba de que, de veras, ¡a la pizza se le puede poner de todo! RINDE 4 PIZZAS PERSONALES

2 cucharadas de aceite de oliva

1 papa roja grande o 3 pequeñas, rebanadas en rodajas finas

sal y pimienta, al gusto

3 puerros (poros, ajoporros), con sus puntas recortadas, lavadas y rebanadas en rodajas

harina de uso general, para formar la masa

1 receta de Masa para Pizza (página 156)

1 libra de queso mozzarella fresco, rallado

1 Precalienta el horno a 500°F.

2 Calienta un sartén grande a fuego medio y agrega 1 cucharada del aceite de oliva. Una vez caliente el aceite, agrega cuantas rebanadas de papa quepan en el sartén, esparciéndolas para que todas toquen el fondo. (Si las rebanas bien finas, saldrán casi como totopos).

3 Cocina las papas unos 2 minutos o hasta que empiecen a arrugarse por los bordes y se doren. Dales vuelta y dóralas por el otro lado, otro minuto aproximadamente, y, a continuación, ponlas en un tazón. Continúa por tandas, según haga falta. Espolvoréalas con sal y pimienta y, a continuación (¡después de que se enfríen!), revuélvelas con las manos para asegurarte de que queden recubiertas.

4 Calienta en el mismo sartén la cucharada restante de aceite y, a continuación, agrega los puerros y revuélvelos de vez en cuando, unos 5 minutos, hasta que se suavicen. Revuélvelos en el tazón junto con las rebanadas de papa, agrega un poco más de sal y pimienta y revuélvelos.

5 Espolvorea la harina sobre la encimera (mostrador) limpia. Divide la masa para pizza en 4 pedazos iguales y coloca los pedazos sobre la encimera. Utiliza las manos o un rodillo para estirar la masa y formar la corteza. A mí me gusta hacer que quede bien fina y grande, pero es decisión tuya la forma de prepararla.

6 Una vez tenga la corteza la forma y grosor que desees, enharina el dorso de una charola (bandeja) para hornear para que no se pegue y, a continuación, coloca la corteza en la charola.

7 Forma capas sobre la corteza utilizando la cuarta parte de la mezcla de papas y puerros y espolvoréalas con la cuarta parte del queso mozzarella. Hornea la pizza de 5 a 8 minutos. Si es la primera vez, lo único que te hace falta es estar pendiente del horno para ver si ya está la pizza. La corteza debe quedar un poco dorada y derretido el queso. Repite el procedimiento hasta que hayas horneado todas las pizzas. Si tu horno es lo suficientemente grande, por supuesto que puedes preparar más de una pizza a la vez.

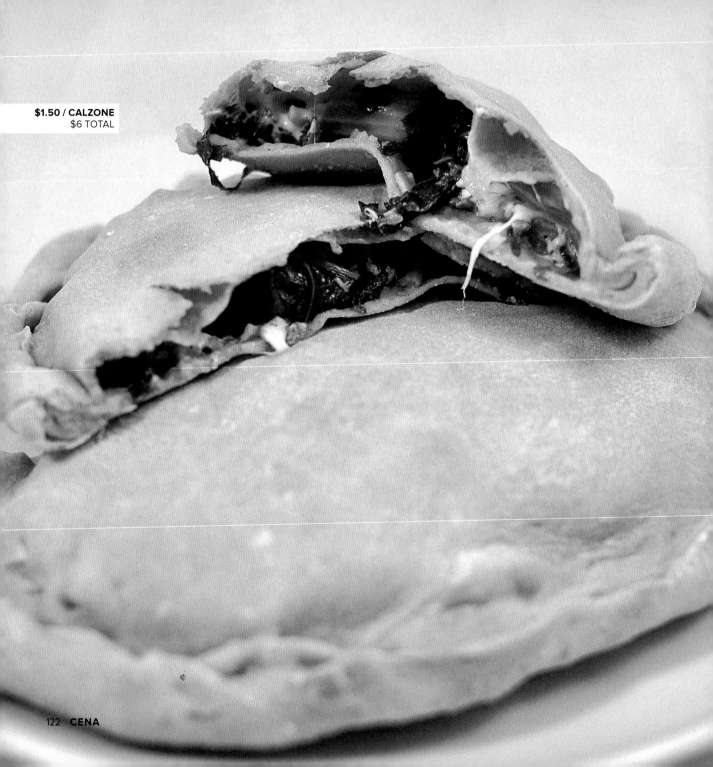

Calzones con brócoli rabé y queso mozzarella

Los calzones son pizzas que tienen una forma un poco diferente—forma que te permite ponerles más relleno sin sobrecargar la corteza. El brócoli rabé, también conocido como rapini, brócoli nabo o brócoli italiano o chino, es estupendo, pero puedes utilizar cualquier tipo de hoja verde amarga, o hasta brócoli (brécol) o coliflor. Te encantarán estas crujientes empanadas italianas que quedan ¡rebosantes de ricos sabores! RINDE 4 CALZONES

harina de uso general o harina de maíz, para formar la masa

1 cucharada de aceite de oliva

1 manojo grande de brócoli rabé (rapini, brócoli nabo), picado

4 dientes de ajo, finamente picados

½ cucharadita de hojuelas de chile

2 filetes de anchoa, finamente picados (opcional)

sal y pimienta, al gusto

1 receta de Masa para Pizza (página 156)

2 tazas de queso mozzarella rallado

SI TIENES SALCHICHA ITALIANA en el refrigerador, desmorónala en el sartén junto con el brócoli rabé en el Paso 2. La salchicha y el brócoli rabé son una combinación clásica.

1 Precalienta el horno a 500°F (o lo más que puedas calentarlo). Espolvorea una pequeña cantidad de harina en una charola (bandeja) para hornear y resérvala.

2 Calienta un sartén grande a fuego medio y agrega el aceite de oliva. Una vez caliente el aceite, agrega las puntas duras de los tallos de brócoli rabé y cocínalas durante 2 minutos. A continuación, agrega el resto del brócoli rabé, incluso las hojas, junto con el ajo, las hojuelas de chile y las anchoas, si las vas a usar. Cocina unos 5 minutos, revolviendo todo de vez en cuando y hasta que estén suaves las puntas. Agrega la sal y la pimienta, y reserva este relleno.

3 Espolvorea la harina sobre la encimera (mostrador) limpia. Divide la masa para pizza en 4 pedazos iguales y coloca los pedazos sobre la encimera.

Con las manos o con un rodillo, desenrolla la masa como lo harías para preparar pizzas (página 120) y hasta que quede bien fina.

4 Apila una cuarta parte de la mezcla de brócoli rabé y ½ taza de la mozzarella sobre uno de los lados del círculo de masa pero no lo cubras hasta el borde.

5 Levanta la otra mitad de la masa, la que no tiene relleno, y ponla sobre la otra mitad para crear la forma de media luna. Aprieta el borde de la masa con los dedos. Con cuidado, coloca el calzone sobre la charola que preparaste y repite los Pasos 3, 4 y 5 hasta que obtengas 4 calzones.

6 Hornéalos de 6 a 8 minutos hasta que estén bien doraditos por fuera. Ten cuidado al darles un mordisco —¡van a estar calientes!

Hamburguesas medio vegetarianas

Cuando una lector llamado Quinn sugirió una receta que utilizaba lentejas y carne a las vez, me puse a pensar acerca de los puntos fuertes que tienen tanto las hamburguesas vegetarianas como las que llevan carne. ¿Por qué no combinar las dos ideas para crear una hamburguesa con sabor a carne y con el contenido de proteínas magras y el bajo costo de las lentejas? Y así, te propongo esta hamburguesa medio vegetariana. Te pondrá el corazón contento por no ser tan pesada.

Puedes usar casi cualquier tipo de verdura para preparar las tortitas de estas hamburguesas, con excepción de la lechuga y de otras hojas verdes, o de otras verduras que contienen mucha agua como el tomate y el pepino. Asegúrate de que las verduras sean de por sí pequeñas (como el elote [maíz, choclo] o los chícharos [guisantes, arvejas]) o de que las hayas picado en trocitos finos para que se cocinen de forma pareja. En esta ocasión, opté por el pimiento. Las verduras como las papas, las calabazas o las berenjenas, que no se pueden comer crudas, deben cocinarse por completo antes de agregarlas a la tortita. PARA 8

---

3 tazas de lentejas o de
   frijoles cocidos

1 taza de pimiento u otro tipo de
   verdura finamente picados

1 libra de carne molida de res u
   otro tipo de carne molida

1 huevo (opcional)

sal y pimienta, al gusto

8 panes para hamburguesa

1 Medio muele las lentejas con el dorso de una cuchara grande.

2 Mezcla las lentejas, el pimiento y la carne molida de res en un tazón grande utilizando las manos. Si las vas a asar a la parrilla, agrega un huevo para que no se desmoronen las tortitas. Condimenta la preparación con sal y pimienta y forma 8 tortitas.

3 Calienta un sartén grande a fuego medio-alto (o si tienes parrilla, préndela), y agrega las tortitas. Dóralas por un lado, unos 5 minutos, hasta que estén bien selladas y ennegrecidas, y, a continuación, dales vuelta para dorarlas por el otro lado. Si quieres hamburguesas con queso, ponles el queso a las tortitas después de haberles dado vuelta.

4 Sírvelas sobre panes tostados y con los condimentos y verduras que más te gusten. Las hamburguesas se prestan para ¡ser aventureros!

> **SI NO VAS A COMERTE** todas las hamburguesas de un solo, envuelve las tortitas crudas que sobren en envoltorio plástico. Se conservarán en el refrigerador durante unos cuantos días o en el congelador por un máximo de 2 semanas.

PARA MUCHOS

Salsa de tomate insuperable

Existen muchas formas de preparar la salsa de tomate. A mí no me parece que sean mejores entre más complejas—esta receta tiene un rico sabor a tomate y se puede usar con casi todo. Toma 5 minutos de preparación. Mejores no hay. RINDE 7 TAZAS

$1 / TAZA
$7 TOTAL

2 cucharadas de aceite de oliva

6 dientes de ajo, finamente picados

1 cucharadita de hojuelas de chile

2 latas (28 onzas cada una) de tomates, triturados o en cubitos

cáscara rallada de 1 limón amarillo (opcional)

sal y pimienta, al gusto

1 Calienta el aceite de oliva a fuego medio en una cacerola.

2 Sofríe el ajo por 1 minuto o hasta que tenga un estupendo olor y se ponga translúcido. Agrega las hojuelas de chile y cocínalas 30 segundos.

3 Agrega los tomates enlatados, revuélvelos y cocínalos hasta que se terminen de calentar.

4 Agrega la cáscara rallada de limón, si la vas a usar, y condiméntala con sal y pimienta al gusto. Dado que los tomates enlatados suelen venir con sal, no te hará falta agregar más.

SI QUIERES QUE LA SALSA TE QUEDE MÁS ESPESA para que se adhiera mejor a la pasta, cocínala un poco más de tiempo de 10 a 20 minutos para que se evapore más líquido. Mantenla en un frasco dentro del refrigerador por un máximo de una semana o distribúyela en recipientes y mantenla en el congelador durante un mes.

Ragú de frijoles blancos y chorizo

Después de que mi amigo Chris me dijo que le encantaba un buen ragú, elaboré una versión que es tan sustanciosa como la salsa de tomate con carne pero que no es tan pesada como el ragú tradicional. Una gran tanda de esta receta probablemente rinda para ocho personas, servida con queso romano o parmesano rallado sobre la pasta (página 160), polenta (página 100) o sémola. RINDE 6 TAZAS

2 cucharadas de mantequilla o de aceite vegetal

2 cebollas, picadas

6 dientes de ajo, finamente picados

2 cucharadas de chiles jalapeños finamente picados (opcional)

1 libra de chorizo fresco, sin la piel (u otro tipo de salchicha)

3 tazas de tomates enlatados o frescos, en puré

3 tazas de frijoles cannellini, navy o cualquier otros blancos

sal y pimienta, al gusto

1 Derrite la mantequilla a fuego medio en un sartén y menéala para recubrir el fondo. Agrega las cebollas picadas y cocínalas de 3 a 4 minutos hasta que queden translúcidas.

2 Incorpora el ajo, el chile jalapeño (si lo vas a usar) y el chorizo fresco y, a continuación, sofríelos durante 1 minuto aproximadamente. Agrega los tomates y los frijoles y, a continuación, mantén un hervor suave por unos 5 minutos hasta que espese la salsa y se cocine la salchicha. Prueba el plato y agrega sal y pimienta según haga falta.

PON LA SALSA EN EL CONGELADOR si no tienes la intención de consumirla dentro de unos pocos días. No se conservará por mucho tiempo en el refrigerador.

Chili oscuro y picante

El chili es del agrado de todos. Si todavía no tienes una receta premiada, prueba la que te presentamos aquí. Sírvelo con arroz para que rinda más. PARA 12

2 cucharadas de comino molido

2 cucharadas de orégano seco

2 cucharadas de semillas de cilantro o coriandro molidas

1 cucharada de canela molida

2 cucharadas de cacao en polvo

1 a 4 chiles chipotles en adobo enlatados, finamente picados

1 libra de carne molida de res o de pavo

1 libra de chorizo mexicano (fresco, sin la piel), o 1 libra más de carne molida de res o de pavo

2 cebollas medianas, picadas

6 dientes de ajo, finamente picados

2 pimientos, sin cabitos ni semillas y picados

2 zanahorias, picadas

6 tazas de frijoles negros cocidos

2 latas (28 onzas cada una) de tomates en cubitos o triturados

1 cucharada de sal, y más al gusto

PARA SERVIR

cebollitas verdes picadas

cilantro fresco picado

crema agria

queso cheddar

1 En un tazón pequeño, combina el comino, el orégano, el cilantro, la canela, el cacao y los chiles y revuélvelos bien. Usa uno o dos chipotles si es la primera vez que preparas este chili. Siempre puedes añadir más, pero no quitar.

2 Calienta una olla grande a fuego medio y agrega la carne molida de res y el chorizo. Cocina la carne desmoronándola y revolviéndola hasta que ya no esté rosada. La grasa de la carne debe de bastar para que no se pegue nada a la olla.

3 Agrega la mezcla de especias a la carne y revuelve unos 20 segundos hasta que suelten su olor. Agrega las cebollas, el ajo, los pimientos y las zanahorias y revuelve. Tapa la olla y, revolviendo de vez en cuando, cocina todo unos 10 minutos hasta que la cebolla quede translúcida.

4 Agrega los frijoles negros, los tomates y 4 tazas de agua y revuélvelos. Haz que hierva y, a continuación, reduce el fuego a bajo para mantener un hervor suave durante 1 ½ hora con la tapa medio sesgada para que pueda salir el vapor. Prueba el plato y condiméntalo con sal y pimienta.

5 Sirve el chili en tazones grandes espolvoreados con las cebollitas y el cilantro, si los vas a usar, o consérvalo en el congelador en porciones pequeñas para utilizar en otra ocasión.

PARA PREPARAR LA VERSIÓN VEGETARIANA, utiliza un poco de aceite para dorar las cebollas y utiliza más frijoles y verduras en vez de la carne. La mayor parte del sabor proviene de las especias y de las verduras, así que no te perderás gran cosa.

PUEDES UTILIZAR 1/2 taza de chile en polvo en vez del comino, del orégano, del cilantro y de los chiles chipotles de la mezcla de especias—simplemente agrega la canela y el cacao para darle un toquecito de dulzura.

PARA COCINAR EL PLATO EN OLLA DE COCCIÓN LENTA, sigue las instrucciones hasta el Paso 3 y, a continuación, pon la preparación en la olla de cocción lenta y agrega el resto de los ingredientes. Cocínalo a temperatura baja de 8 a 10 horas.

Carne de cerdo deshebrada en adobo

La carne de cerdo deshebrada es increíble por lo sabrosa, rica y condimentada que es y por su notable versatilidad. Aunque parece cara, es toda una ganga si te fijas en el precio por porción. Al igual que en el caso de muchas comidas especiales, esta receta toma bastante tiempo de preparación. La mayor parte del tiempo, sin embargo, es para esperar que se cocine a fuego bajo y lento.

Mi manera favorita de servir la carne de cerdo deshebrada es en panes para hamburguesa suaves o en tacos con verduras crujientes. Los sándwiches de carne de cerdo deshebrada resultan estupendos con ensaladas de repollo (col), así que haz la prueba con la Ensalada de Repollo con Cacahuates (página 43). Sírvela con una sencilla ensalada de hojas verdes, elotes (mazorcas de maíz, choclo), con ejotes (habichuelas verdes, chauchas) o con otros tipos de verduras de verano. PARA 10

⅓ taza de azúcar morena

2 cucharadas de café molido

2 cucharadas de sal kosher

4 cucharaditas de páprika ahumada

3 cucharaditas de páprika dulce

2 cucharaditas de comino molido

1 cucharadita de semillas de cilantro o coriandro molidas

1 cucharadita de clavos de olor molidos

1 cucharadita de ajo en polvo

1 cucharadita de pimienta negra

1 paleta de cerdo (pernil) (unas 5 libras)

1 Prepara un adobo seco mezclando en un tazón pequeño todos los ingredientes excepto la carne de cerdo.

2 Unta la carne con cantidades generosas del adobo, frotándola con cuidado hasta que cubra ambos lados. Reserva el adobo que sobre para más tarde.

3 Coloca la carne en una olla grande que tenga una tapa bien ajustada. Ponla a marinar en el refrigerador durante 2 horas o hasta el día siguiente para que absorba los sabores.

4 Precalienta el horno a 200°F.

5 Cubre el fondo de la olla con suficiente agua. Pon la tapa y deja la olla en el horno de 10 a 12 horas. La regla general es utilizar de 1½ a 2 horas por libra de carne de cerdo, pero entiendo yo que suele tomar un poco más de tiempo. Necesitas que la temperatura interna alcance los 200°F.

Es más complicado calcular la temperatura interna si no tienes un termómetro para carnes, pero sí se puede verificar con las manos. Pincha la carne con el dedo: Sácala del horno cuando se desmorone por sí sola. Es difícil cocinar la carne demasiado si la temperatura es baja, así que no te preocupes por eso.

6 Retira la carne del líquido y deshébrala con cuidado. Deshazte de los trozos grandes de grasa. La carne no se ha cocido lo suficiente si quedan partes difíciles de deshebrar. Si tienes tiempo extra, pon la carne de vuelta en el horno y cocínala un par de horas más.

7 Cuando ya hayas deshebrado toda la carne, incorpora el adobo que haya sobrado y ponla en una cazuela o en un plato grande. Si no vas a comértela de inmediato, guárdala tapada en el refrigerador de 3 a 4 días.

PARA PREPARAR LA SALSA con la grasa que quedó en la olla, déjala hervir suavemente a fuego medio-alto y cocina los jugos de 20 a 30 minutos hasta que espesen. La grasa va a subir a la superficie. Retira lo más que puedes de la grasa. Mezcla con la carne de cerdo unas cuantas cucharadas de la salsa.

ideas
HUMMUS

El hummus es el bocadillo por excelencia cuando uno tiene hambre por la tarde. Yo suelo preparar y guardar en el congelador el doble o el triple de esta receta. Es más fácil con un procesador de alimentos, pero se puede preparar sin uno. Después de todo, el hummus fue inventado mucho antes que los procesadores de alimentos.

EN CASO DE TENER garbanzos secos, cocínalos siguiendo las instrucciones de la página 165. Los garbanzos enlatados harán que las recetas salgan más caras. (Además, a mí me parecen más sabrosos los garbanzos secos.)

A MENOS DE QUE SEAS extremadamente meticulosa y paciente con el hummus que estés preparando a mano, terminarás con una textura más grumosa que la textura suavecita y cremosa del hummus comprado en tiendas. ¡Pero seguirá teniendo un mejor sabor, sin embargo!

Hummus básico

PARA 4

2 tazas de garbanzos cocidos
   (ver recuadro)
1 cucharada de tahini (mantequilla de
   ajonjolí o sésamo)
1 cucharada de jugo de limón amarillo
1 diente de ajo, finamente picado
1 cucharada de aceite de oliva
sal y pimienta, al gusto

1 *Si vas a preparar el hummus con las manos,* calienta los garbanzos en el microondas durante unos 30 segundos.

2 Muele el tahini, el jugo de limón, el ajo, el aceite de oliva, la sal y la pimienta en un tazón.

3 Agrega los garbanzos a la mezcla. Poco a poco agrega ¼ taza de agua, moliendo la preparación cada vez que añadas más, hasta que obtengas una consistencia homogénea, lo que tomará unos 5 minutos.

1 *En caso de utilizar un procesador de alimentos,* agrega todos los ingredientes en el procesador junto con ⅛ taza de agua.

2 Cuando obtengas una pasta homogénea, pruébala y verifica su consistencia. Te quedará más homogénea y ligera si agregas un poco más de agua. Pruébala y ajusta.

❶ Ajo asado
$0.50 PORCIÓN / $2 TOTAL

1 Precalienta el horno a 350°F.

2 Recorta la parte superior de la cabeza del ajo de modo que se vean los dientes (déjale la cáscara). Rocía los dientes con aceite de oliva. Envuélvelos con papel aluminio y ponlos en el horno en una charola (bandeja). Ásalos durante 1 hora y retira el ajo del horno.

3 Cuando se enfríe lo suficiente, exprime todos los dientes menos 3 de ellos dentro del hummus y mézclalos. Pica finamente los dientes de ajo que sobraron y espolvoréalos sobre el hummus con aceite de oliva.

❷ Limón amarillo
$0.45 PORCIÓN / $1.80 TOTAL

Remplaza el ¼ taza de agua con 3 cucharadas de jugo de limón amarillo y 1 cucharada de agua. Agrega la cáscara rallada de 1 limón.

❸ Chipotle
$0.45 PORCIÓN / $1.80 TOTAL

Agrega 1 o 2 chipotles en adobo al hummus. Si no vas a usar un procesador de alimentos, asegúrate de picar finamente el chipotle. Mezcla un poco de salsa de adobo con el aceite de oliva y rocíala por encima.

ideas
HUEVOS RELLENOS

Los huevos rellenos son la comida que más me gusta servir en fiestas y son la receta perfecta para dedicársela a mi amiga Camilla. En las fiestas yo tengo la costumbre de comer demasiada comida con poca nutrición y termino sintiéndome muy mal. Estos huevos son geniales como antídoto: festivos y deliciosos pero sin las calorías vacías. Aunque su preparación sea un poco elaborada, en realidad son fáciles de cocinar. Esta es la fórmula: Prepara los huevos rellenos básicos y agrega uno de los 8 sabores (¡o elabora el tuyo!).

12 huevos

sal y pimienta, al gusto

2 cebollitas verdes finamente picadas (opcional)

una pizca de páprika (opcional)

> **LOS HUEVOS DUROS SE PELAN MÁS FÁCILMENTE** si los que hierves no están tan frescos, así que trata de preparar estos con huevos que hayan estado en el refrigerador durante una o dos semanas.

$0.15 / MEDIO HUEVO
$3.60 TOTAL

Huevos rellenos básicos

RINDE 24 MITADES DE HUEVO

1 Coloca los huevos en el fondo de una olla en la que quepan sin amontonarlos y con un poco de espacio extra entre ellos. Si no caben en el fondo, no los amontones—se pueden romper. Es mejor cocinarlos en tandas.

2 Cubre los huevos con agua fría. Calienta la olla a fuego medio y haz que hierva. En cuanto hierva, apaga el fuego y ponle a la olla una tapa que cierre bien. Pon la alarma (temporizador) a 10 minutos.

3 Cuando suene, deshazte con cuidado del agua caliente y cubre los huevos con agua fría. El agua fría le pone fin al proceso de cocción y evita que las yemas terminen cubiertas con esa piel de color verde.

4 Pela los huevos. Todos tenemos nuestras propias técnicas, y a mí me gusta hacer rodar los huevos sobre la encimera (mostrador) para romperles la cáscara. Hazlo rodar hasta que tenga el aspecto agrietado de los paisajes desérticos; empieza a pelarlo por la parte inferior (donde se encuentra la cámara de aire). Ya pelado, enjuaga el huevo y resérvalo. Repite el procedimiento hasta terminar de pelarlos todos.

5 Córtalos por la mitad a lo largo. Desprende las yemas y ponlas en un tazón mediano. No te preocupes si dejas algo de yema detrás. Reserva las claras en un plato.

6 Espolvorea las yemas con sal y pimienta; agrega al tazón los demás ingredientes de tu selección. Muélelos con un tenedor hasta obtener una pasta relativamente homogénea.

7 Rellena los huevos con la mezcla de yemas. Puedes poner el relleno en una bolsa de plástico. Recorta la punta de la bolsa y exprímela para ponerle la mezcla de yemas a las claras.

8 Espolvorea los huevos con las cebollitas y con algo de páprika.

❶ Clásicos

2 cucharadas de mostaza

2 cucharadas de mayonesa

2 cucharadas de agua, salmuera de pepinillos o jugo de limón amarillo

❷ Chile y limón verde (lima)

2 cucharadas de mayonesa

2 cucharadas de jugo de limón verde (lima)

1 chile jalapeño, finamente picado (sin las semillas para que sea menos picante)

❸ Inspirados por el ramen

2 cucharadas de mayonesa

2 cucharadas de salsa de soya (soja)

1 cucharada de vinagre de arroz

salsa de chiles, al gusto

❹ Al curry

2 cucharadas de mayonesa

2 cucharadas de agua

4 cucharaditas de curry en polvo, o 1 cucharadita de cada una de las siguientes especias molidas: cúrcuma, chile rojo (de Cayena), cilantro (coriandro) y comino

❺ Tomate (jitomate)

2 cucharadas de mayonesa

¼ taza de tomates frescos o enlatados finamente picados o de Salsa de Tomate Insuperable (página 127)

❻ Chile y queso

2 cucharadas de mayonesa

2 cucharadas de chiles verdes picados

2 cucharadas de queso rallado

❼ Chorizo

2 cucharadas de mayonesa

2 cucharadas de chorizo fresco cocido bien picadito

1 cucharadita de páprika

❽ Queso feta y eneldo

2 cucharadas de mayonesa

2 cucharadas de queso feta desmoronado

1 cucharada de eneldo picado

Pierogi

Esta receta de pasta rellena polaca o "empanada polaca", llamada pierogi, rinde una gran cantidad y te alimentará por días. Toma tiempo y esfuerzo, pero los resultados valen la pena. Lo mejor es invitar a amigos a una fiesta para prepararlos juntos. Todos se irían a casa con una que otra bolsa para tenerlos en el congelador, y ¡se pasa un buen rato! Para preparar el relleno te conviene probar algunos de tus ingredientes favoritos—no hay muchas cosas que no peguen con las papas. Yo suelo agregar varias cosas y queso cheddar añejo fuerte. RINDE DE 60 A 72 PIEROGI

MASA

4½ tazas de harina de uso general, y más para darle forma a la masa

2 cucharaditas de sal

2 tazas de yogur o de crema agria

2 huevos

RELLENO

5 papas Russet o Idaho, cortadas más o menos en cubitos

sal y pimienta, al gusto

1½ taza de queso cheddar fuerte rallado

AGREGADOS

2 cebollitas verdes, picadas

4 dientes de ajo asado (página 135)

2 cucharadas de mostaza de Dijon

1 cucharadita de pimienta roja (de Cayena)

1 cucharadita de páprika

PARA SERVIR

1 cucharada de mantequilla

cebollitas verdes, picadas

crema agria

1 En un tazón grande, mezcla la harina y la sal. Incorpora el yogur, los huevos y 1 cucharada de agua. Revuelve todo con las manos limpias, despacio y con cuidado, hasta que se forme una masa homogénea. La masa quedará bastante pegajosa. Mantenla cubierta con una toalla o con envoltorio plástico mientras preparas el relleno.

2 Pon las papas picadas en una olla. Sumérgelas con agua; agrega un poco de sal. Ponles la tapa y hiérvelas a fuego medio-alto. Retira la tapa y cocina las papas unos 20 minutos hasta que se suavicen. Hazles la prueba del tenedor. Si las atraviesa fácilmente, ya están.

3 Escurre las papas y agrega el queso, la sal, la pimienta y los agregados que desees.

4 Muele las papas con una batidora eléctrica o con dos tenedores. Una vez listo el relleno, reúnete con tus amigos—darles forma toma tiempo.

5 Enharina la encimera (mostrador) con cantidades generosas. Divide la masa en dos. Mantén tapada una de las mitades y coloca la otra sobre la superficie enharinada. Utiliza un rodillo para aplastar la masa hasta que tenga un grosor de alrededor de ⅛ pulgada. Desprende cuantos pedazos circulares de 3 pulgadas puedas recortar, utilizando un cortador de galletas redondo o un vaso pequeño. Mete los recortes que sobren dentro de la otra mitad de masa que dejaste cubierta.

6 Coloca alrededor de una cucharada de relleno en el centro de cada círculo. Envuelve el relleno con la masa y aprieta los bordes para crear la bolita de masa. La masa queda mejor sellada por lo pegajosa. Pon la pasta rellena en la superficie enharinada y aplasta los bordes con un tenedor para juntarlos. Continúa hasta que ya no queden más círculos; repite el procedimiento con la masa y el relleno restantes.

7 Una vez hayas formado todos los pierogi, hierve agua en una olla a fuego alto. Agrega 12 pierogi al agua y cocínalos aproximadamente un minuto o hasta que suban a la superficie. Saca los pierogi hervidos sirviéndote de una cuchara, hierve el agua otra vez y repite el procedimiento con el resto de los pierogi.

8 Si estas pensando congelar algunos de los pierogi, déjalos enfriar; ponlos en bolsas plásticas que debes apretar para sacarles el aire. Yo suelo poner 12 en cada bolsa, pero distribúyelos de la forma que más te convenga. Se conservarán por 6 meses por lo menos.

9 Puedes comer los pierogi solo hervidos, pero a mí me gustan más si los frío después. Derrite la mantequilla en un sartén a fuego medio; agrega los pierogi que quieras. (Seis por persona es suficiente.) Dales vuelta con intervalos de unos pocos minutos hasta que se doren por todos lados. Sírvelos con cebollitas verdes y crema agria.

Bolitas de masa

Mi amiga Raffaella proviene de una familia grande y recuerda con cariño que de niña preparaba bolitas de masa con sus hermanas. (Sus hermanos solo ayudaban a comérselos.) Las bolitas de masa o "dumplings" son una manera estupenda de utilizar las verduras que ya no están frescas. Bien picaditas y como relleno dentro de las bolitas, ¡vuelven a cobrar vida! RINDE 60 BOLITAS DE MASA

MASA

4 tazas de harina de uso general, y más para darle forma a la masa

1 cucharadita de sal

2 huevos

RELLENO DE VERDURAS

3 tazas de brócoli (brécol) finamente picado

2 tazas de zanahoria rallada

8 onzas de tofu duro, desmoronado

2 cucharadas de salsa de soya (soja)

1 cucharadita de aceite de ajonjolí (sésamo) tostado

2 cebollitas verdes, picadas

2 huevos

RELLENO DE CARNE DE CERDO

1 libra de carne molida de cerdo o de salchicha, cocida o cruda

3 tazas de berza (collards), acelga suiza, espinaca o cebollitas verdes finamente picadas

2 cucharadas de salsa de soya (soja)

1 cucharadita de aceite de ajonjolí (sésamo) tostado

2 cebollitas verdes picadas

2 huevos

1 Mezcla la harina y la sal en un tazón grande. Forma un cráter en el centro, rompe los huevos y viértelos dentro y agrega 1 taza de agua. Utiliza una mano a modo de pala para mezclar la masa hasta que tenga una textura rugosa. Agrega unas cuantas gotas de agua si se ve demasiado seca. Amásala durante un minuto; tápala con envoltorio plástico o con una toalla húmeda y déjala reposar de 30 minutos a 2 horas.

2 En un tazón grande, mezcla los ingredientes que desees para el relleno.

3 Después de dejarla reposar, divide la masa en 4 pedazos. Enharina la encimera (mostrador); forma un leño con el primer pedazo. Tapa los otros pedazos para que no se sequen.

4 Corta el leño en 15 rebanadas de igual tamaño; dale forma de disco plano a una de las rebanadas utilizando las manos. Utiliza un rodillo para estirar el disco hasta formar un disco que sea del tamaño de un posavasos y que tenga un grosor parecido al de una hoja de papel.

5 Coloca una cucharada colmada de relleno en el centro de la masa. Levanta los bordes y júntalos en el centro; apriétalos con los dedos para formar un paquetito. Si la masa no se pega sola, humedécete la punta de los dedos para humedecer los bordes de la masa dándoles toquecitos.

6 Repite el procedimiento hasta que se acabe el relleno o la masa. Pide a tus familiares y amigos que te ayuden— alguien puede estirar la masa mientras los demás agregan el relleno y cocinan.

7 Ahora bien, esta es la decisión difícil. ¿Al vapor, fritas o hervidas?

Para cocerlas al vapor, esparce una pequeña cantidad de aceite en un sartén grande. Llena el sartén con bolitas—las que te quepan sin que se peguen unas con otras. Pon la temperatura a fuego medio y deja que chisporroteen durante un minuto. Una vez haya absorbido la mayoría del aceite la masa, agrega alrededor de ½ taza de agua y tapa el sartén de inmediato. Cocina las bolitas tapadas durante aproximadamente un minuto; reduce el fuego a bajo antes de destaparlas. Cocínalas hasta que se evapore el agua; apaga el fuego. Las bolitas deben quedar cocidas al vapor por arriba y bien doraditas y crujientes por debajo.

Para freírlas al sartén, sigue la técnica anterior, pero utiliza más aceite. No utilices ni el agua ni la tapa. ¡Solo sigue friendo! Una vez queden bien doraditas las bolitas por un lado, dales vuelta para freírlas por el otro. Este método funciona mejor con la forma de los pierogi (página 138), así que planifica en consecuencia.

Para hervirlas, echa las bolitas en una olla con agua hirviendo. Ya están cuando suban a la superficie, lo que suele tomar de 1 a 2 minutos.

LA DESPENSA

Salsa de cacahuate

Este es mi dip por excelencia para todo tipo de alimento, desde verduras (especialmente las empanizadas con harina de maíz de la página 72) hasta camarones y panes planos. Pero es lo suficientemente versátil para preparar una estupenda marinada o para cubrir la carne de pollo o de pescado. Rara vez falta en mi refrigerador. Pruébala, ya verás. RINDE 1 TAZA

1 chile jalapeño o de cualquier otro tipo (sin las semillas para que no esté tan picante), o 2 cucharadas de pasta de chile

3 dientes de ajo

1 chalota o 1 cebolla morada pequeña

1 cucharadita de aceite vegetal

½ a 1 taza de leche de coco

½ taza de mantequilla de maní (cacahuate) sin azúcar

1 cucharada de salsa de soya (soja)

AGREGADOS

1 cucharadita de cúrcuma molida

1 cucharada de azúcar morena

½ cucharadita de aceite de ajonjolí (sésamo)

1 Pica finamente el chile jalapeño, el ajo y la chalota, o utiliza el procesador de alimentos para preparar una pasta con ellos. (Si vas a utilizar la pasta de chile, agrégala en el Paso 2.)

2 Calienta el aceite a fuego medio en una cacerola. Una vez caliente, sofríe el chile y el ajo de 2 a 3 minutos hasta que suelten su fragancia. Agrega la ½ taza de leche de coco, la cúrcuma y la pasta de chile, si la vas a usar.

3 Hierve todo y, a continuación, reduce el fuego a bajo. Incorpora la mantequilla de maní, la salsa de soya, y el azúcar morena y el aceite de ajonjolí, si lo vas a usar. Si la salsa queda demasiado espesa, agrega más leche de coco para ponerla menos espesa. Una vez quede bien combinada la preparación, pruébala y agrega lo que creas que haga falta, centrando tu atención en la sal y en las especias.

Salsa fresca

Las salsas de verano son una combinación de tomates frescos y cantidades menores de verduras y frutas selectas. Aparte utilizarse comúnmente con totopos (chips de tortilla) y con tacos, esta salsa es un agregado estupendo para carnes de pescado o de pollo, y sirve como salsa para fideos fríos o como el toque final de un suculento desayuno. Si no eres fanático del cilantro, utiliza otro tipo de hierba culinaria; la menta, la ajedrea (tomillo salsero) y el limoncillo (hierba limonera, melisa) funcionan bien. RINDE 3 TAZAS

½ cebolla mediana, finamente picada

2 tazas de tomates picados

1 chile jalapeño, finamente picado (sin las semillas para que sea menos picante)

jugo de 1 limón verde (lima)

¼ taza de cilantro fresco finamente picado

sal y pimienta, al gusto

AGREGADOS

trocitos de mango, durazno (melocotón), ciruela o piña

frijoles

elote (maíz, choclo)

ajo finamente picado

chiles chipotles en adobo en vez del chile jalapeño

1 Si te gusta la cebolla cruda, salta adelante al Paso 2. En caso contrario, sofríela con un poco de agua en un sartén a fuego medio para suavizarle el sabor. La cebolla ya estará lista cuando se haya evaporado el agua.

2 Mezcla la cebolla, el tomate, el chile, el jugo de limón, el cilantro, la sal y la pimienta en un tazón. ¡Asegúrate de agregar suficiente sal y pimienta!

3 Prueba la salsa. Estás tratando de conseguir un equilibrio entre el sabor picante del chile jalapeño, el sabor dulce de los tomates y el fuerte y fresco sabor de las hierbas culinarias y del jugo de limón. Si no lo consigues, agrega más del ingrediente adecuado para conseguirlo.

4 Almacénala en un recipiente hermético dentro del refrigerador. La salsa fresca no se conserva por tanto tiempo como el de tienda ya que no contiene conservadores (conservantes), pero es tan sabrosa que estoy segura ¡que la acabarás rápido!

PARA LA VERSIÓN DE INVIERNO, utiliza tomates enlatados y calienta todo, excepto el jugo de limón, en la estufa durante 5 minutos para combinar los sabores. Termina la salsa con el jugo de limón y almacénala.

Salsa de yogur tzatziki

Esta clásica salsa griega de yogur utiliza pepinos preparados de una forma que no se te habrá ocurrido anteriormente. Colar el yogur y el pepino realza el sabor, pero, si estás de prisa, omite los pasos para colar y simplemente mezcla los ingredientes. RINDE 2 TAZAS

1 pepino grande

1 cucharadita de sal

2 tazas de yogur

2 cucharadas de eneldo fresco picado

2 cebollitas verdes finamente picadas

1 diente de ajo, finamente picado (opcional)

sal y pimienta

1 Ralla el pepino y colócalo en un colador dentro un tazón grande. Agrega la sal y revuélvela. Deja reposar el pepino de 30 minutos a 2 horas, apretándolo de vez en cuando con cuidado contra el colador para extraer el líquido. La sal sirve para extraer el agua del pepino.

2 Forra otro colador (o el mismo, ya limpio) con toallas de papel o con una estopilla (paño de queso). Colócalo sobre un tazón grande y vierte el yogur dentro. Lo puedes dejar colando sobre la encimera (mostrador) por tan poco tiempo como 1 hora o hasta el otro día dentro del refrigerador. Entre más tiempo lo dejes colar, más espeso quedará. ¡Así es que se prepara el yogur griego!

3 Mezcla el yogur con el pepino que colaste, el eneldo, las cebollitas y el ajo, si lo vas a usar, y pruébalo. Condiméntalo con sal y pimienta y agrega más eneldo o cebollitas al gusto.

4 Utiliza esta salsa en sándwiches, a modo de dip, con pan pita o con totopos (chips de tortilla) o sobre albóndigas, brochetas o todo tipo de alimento picante.

Salsa raita

Esta tradicional salsa de yogur india es sencilla y sorprendentemente sabrosa. Ponla sobre Chana Masala (página 109), Rollitos de Papa y Kale (página 116) o sobre cualquier tipo de alimento picante para suavizar el sabor. Esta receta es extremadamente flexible—solo tienes que incorporar al yogur las verduras picadas que más te gusten y agregar sal y pimienta. Este será tu primer paso para crear la salsa raita que te caracterizará. RINDE 2 TAZAS

$1.25 / TAZA
$2.50 TOTAL

1 taza de yogur

1 taza de pepino picado

½ taza de tomate picado

¼ taza de cebolla morada picada

1 cucharadita de comino molido

½ cucharadita de pimienta roja (de Cayena)

2 cucharadas de cilantro fresco picado

sal y pimienta

AGREGADOS

1 cucharada de jengibre rallado

2 cucharadas de menta

¼ taza de garbanzos

espinaca cocida

1 Revuelve todos los ingredientes en un tazón mediano. Agrega sal y pimienta al gusto.

2 Almacena la salsa raita en un recipiente tapado dentro del refrigerador hasta el momento en que la necesites. Se conservará por un máximo de 3 días.

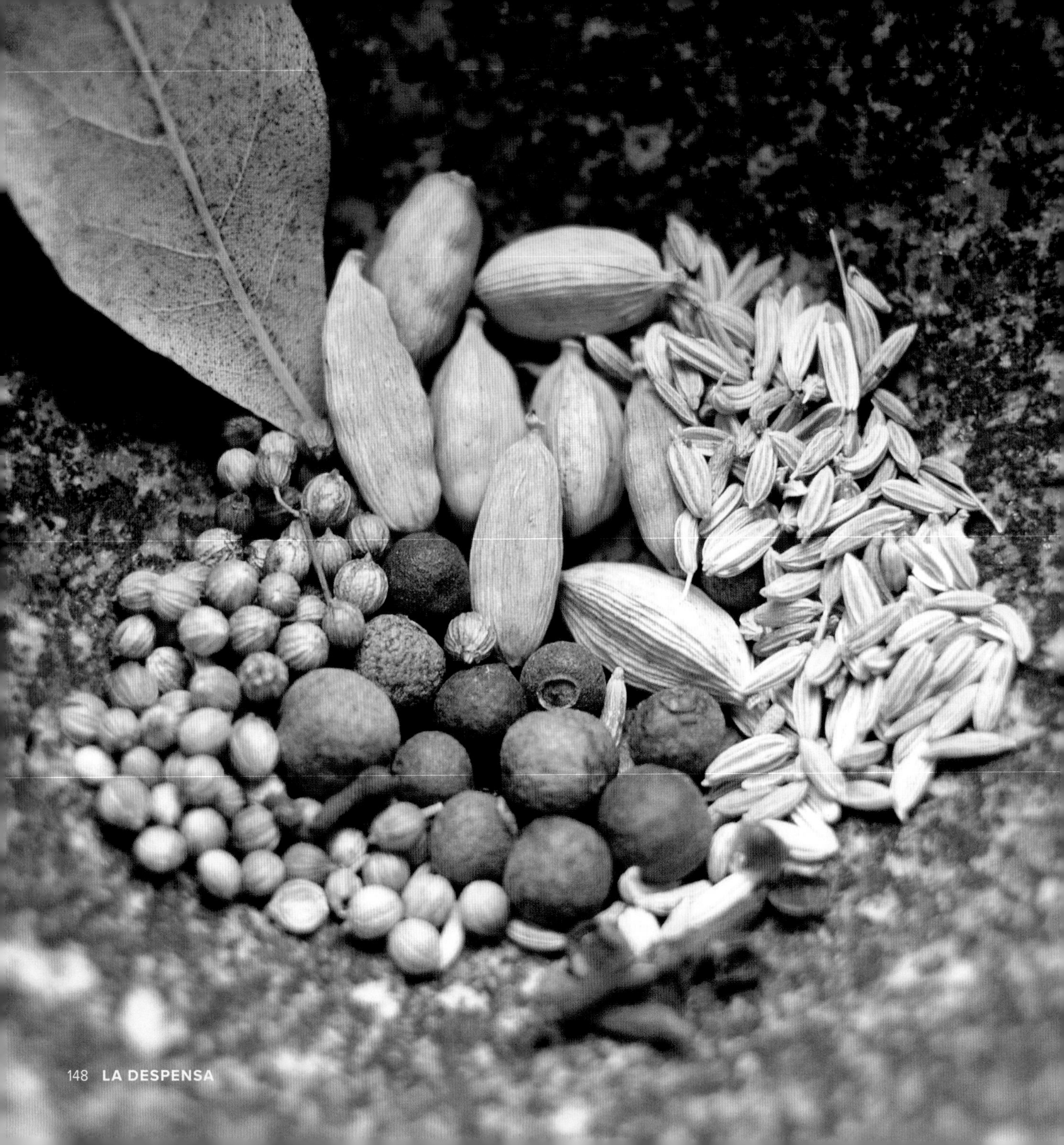

ideas
SABORIZANTE

Muchas de las recetas de esta colección se prestan para que las puedas modificar a tu gusto.
Aprender a cocinar con diferentes especias, hierbas culinarias y plantas aromáticas elevará tu cocina en un instante y te traerá nuevas e interesantes posibilidades. Aunque las especias se conservan por un tiempo razonablemente largo, se marchitan y pierden en intensidad después de un par de meses. Cuando experimentes, compra las especias nuevas en pequeñas cantidades en la sección de alimentos a granel y compra las especias que usas más a menudo en cantidades más grandes.

Prueba las combinaciones de sabores que aparecen a continuación sobre alimentos básicos sosos como arroz, pollo asado, verduras y papas. Las almidonadas papas son la esponja casi perfecta para todo tipo de sabores.

Incorpora especias en la mantequilla, agrégalas a las palomitas de maíz o espolvoréalas sobre pan tostado. En pocas palabras ¡experimenta!

SABOR A AJO
¡Ajo! Lo debes de tener siempre al alcance. Barato y sabroso, resulta estupendo con casi todo. Haz la prueba de sofreír verduras, especialmente las de hojas verdes amargas como el brócoli (brécol), las coles de Bruselas, con los siguientes ingredientes, o incorpóralos en un cremoso aderezo sobre lechuga arúgula (rúcula) o hojas de mostaza. Cualquiera sería una estupenda base para preparar salsas para pastas, o para darles una chispa de sabor al simple arroz o cebada. Oh, y para mariscos—¿ya dije mariscos?

- ajo y cáscara rallada de limón amarillo
- ajo y albahaca fresca, perejil fresco o romero
- ajo, cebolla y jengibre (calentados en aceite de oliva para servir de base para salteados)
- ajo, anchoas y hojuelas de chile

SABOR CÍTRICO
El sabor más fuerte del limón amarillo no proviene del jugo, sino de los aceites esenciales de la brillante superficie de su cáscara. Es igual en el caso de los limones verdes (limas) y de las naranjas. Si quieres que algo de verdad tenga un sabor cítrico, trata de darles un toquecito de cáscara finamente rallada. Sin embargo, es muy fuerte su sabor, así que ten cuidado. Yo le agrego cáscara rallada de limón amarillo a la salsa de tomate que preparo, cáscara rallada de limón verde a los tacos de carne y cáscara rallada de naranja al aderezo. Los cítricos, casi de la misma forma que la sal, hacen que resalten otros sabores.

- cáscara rallada de naranja y de limones amarillos y verdes
- cáscara rallada de limón verde, coco y hojuelas de chile
- cáscara rallada de naranja, cebollitas verdes y cilantro fresco
- cáscara rallada de limón verde y chile chipotle en polvo
- cáscara rallada de limón amarillo y menta fresca (increíble con pepinos o sandías)

SABOR HERBAL
Trata de espolvorear estas clásicas combinaciones sobre verduras de raíz asadas o de untarlas al pollo antes de asarlo.

- salvia, romero y tomillo
- salvia y ajo (increíble con calabazas de invierno)
- páprika y eneldo fresco
- semillas de hinojo y perejil fresco

El sabor de las semillas de hinojo— dulce y un poco como a regaliz—les resulta muy familiar a los amantes de la salchicha italiana, pero no es particularmente común en América del Norte. Pruébalas en ensaladas o en combinación con otras especias. Hacen resaltar los sabores de los ingredientes que las acompañan.

SABOR TERROSO
¿Quieres tomar en serio las especias? Prueba estas combinaciones del Sur de Asia y ¡no te inhibas!

- jengibre, canela y pimienta negra

  Aparte de la pimienta, estos ingredientes parecen tener un sabor dulce, pero resultan maravillosos con el arroz pilaf y con verduras de raíz de invierno. Agrégalos al té junto con un poco de cardamomo para preparar el tradicional masala chai.

- cardamomo, cilantro y hoja de laurel

- semillas de comino, semillas de cilantro o coriandro y semillas de mostaza

  Para preparar el mejor salteado de toda tu vida, calienta una cucharadita de cada uno de estos ingredientes en un sartén seco hasta que huela, y agrega entonces las verduras.

SABOR DULCE

Si eres panadero, consigue algunas de estas riquísimas especias para realzar el sabor de tus panes, pasteles y galletas favoritos que sueles preparar. Hasta en té los puedes utilizar si eres aventurera. Haz la prueba con nuez moscada entera en vez de la premolida. Te sorprenderá la gran diferencia que conseguirás con tan solo rallar ingredientes frescos para agregar a tus alimentos.

- canela, jengibre en polvo, nuez moscada y clavo de olor

- cáscara rallada de limón amarillo y tomillo (sabores no dulces que resultan increíbles en polvorones (galletas de mantequilla) simples.

- cáscara rallada de naranja y cacao en polvo

- limón verde (lima) y coco

- cardamomo verde y vainilla

Trata de conseguir las vainas enteras de cardamomo para machacarlas y retirarles las semillas negras del centro. El aroma del cardamomo fresco es mucho más fuerte que el del premolido. Sin embargo, el cardamomo premolido sí sirve muy bien en la preparación de artículos de panadería y repostería—solo que quizás te haga falta un poco más para obtener todo su sabor. Las vainas enteras resultan riquísimas en arroz y en té también, así que trata de conseguirlas si eres amante del cardamomo.

PREPARA TU PROPRIA COMBINACIÓN DE ESPECIAS

Algunas de las combinaciones de especias más comunes se pueden preparar en casa con facilidad. Por ejemplo, en vez de comprar el polvo para chili ya preparado, prepara tu propia combinación con comino, pimienta roja de Cayena, ajo en polvo, orégano y páprika. Las especias incluidas en los ingredientes del Chili Oscuro y Picante (a excepción del cacao en polvo) sirven para preparar un polvo para chili que se puede utilizar en vez del prepreparado.

El curry en polvo es un conjunto de especias del Sur de Asia que se han combinado, y existen muchas y muchas combinaciones de curry—por lo general, una combinación de cúrcuma, cilantro, comino y chile en polvo.

La garam masala, otra combinación de especias que es ingrediente esencial de la cocina india, suele prepararse la más de las veces con especias similares, pero rara vez incluye chile en polvo. Haz la prueba con combinaciones prepreparadas de curry y garam masala, que poco a poco aprenderás a preparar tú misma.

No compres la especia para pastel de calabaza (*pumpkin pie spice*). Suele estar rancia y sosa. Solo tienes que realzar el sabor de tu pastel o galletas de calabaza con una combinación de canela, nuez moscada, jengibre y un poco de clavo de olor molidos.

ES FÁCIL PREPARAR

un aderezo para ensaladas básico, así que nunca deberías tener que comprarlo ya preparado. Solo tienes que seguir las instrucciones de la vinagreta básica en la página 44 y agregar cualquiera de las combinaciones de ingredientes que te sugerimos aquí para experimentar. Las que llevan cítricos son las mejores para empezar.

Aceite aromatizado con especias

Utiliza este aceite de especias en ensaladas, en platos fríos de fideos o en verduras asadas o sofreídas. Todas estas especias se consiguen en las tiendas de alimentos asiáticos. RINDE 1 TAZA

1 diente de ajo

1 taza de aceite de oliva o vegetal

2 cucharadas de hojuelas de chile o de chiles rojos secos picados

1 cucharadita de granos de pimienta Sichuan o regular

1 anís estrella

½ cucharadita de semillas de comino

¼ cucharadita de sal

1 Utiliza uno de los lados de un cuchillo para machacar el diente de ajo, y pélalo cuando se rompa.

2 Coloca el ajo en una olla pequeña y agrega el aceite de oliva, las hojuelas de chile, los granos de pimienta, el anís estrella, las semillas de comino y la sal. Calienta la preparación a fuego bajo unos 10 minutos hasta que empiece a chisporrotear. Apaga el fuego. Trata de que no se caliente tanto como para que las especias comiencen a cocinarse o a freírse.

3 Tapa la olla y ponla en el refrigerador de 4 a 8 horas.

4 Prueba el aceite. Si no se le siente el sabor fuerte de los condimentos, déjalo reposar unas cuantas horas más. Una vez listo, cuélalo a través de un colador de malla fina. Almacénalo en un frasco dentro del refrigerador por una semana.

EN CASO DE NO TENER COLADOR, ponle la tapa a la olla y cuela el aceite vertiéndolo por los lados.

Pan roti

Estos panes planos son un alimento básico en muchas partes de la India. Se preparan rápidamente y saben bien rico cuando están frescos. Deléitate con ellos rellenos al curry, mojados en sopas o guisados o de desayuno en enrollados de huevo. RINDE 16 PANES ROTI

2 tazas de harina de trigo entero
  (ver recuadro)
1 cucharadita de sal
1 taza de agua
aceite vegetal, para las manos

1 Mezcla la harina, la sal y el agua en un tazón pequeño con la mano limpia. La masa que se forme debe quedar bastante húmeda. Amásala hasta obtener una consistencia homogénea—lo que tomará de 2 a 5 minutos—y forma con ella una bola. Cúbrela con una toalla o con toallas de papel húmedas y resérvala de 10 minutos a 1 hora.

2 Úntate un poco del aceite en las manos y divide la masa en 16 bolitas.

3 Enharina la encimera (mostrador) y coloca un pedazo de masa en el medio. Cubre la bola con harina para que no se pegue a la superficie; estírala suavemente con un rodillo (o con una botella) hasta que quede plana y fina, con alrededor de ⅛ pulgada de grosor. Mientras la estiras, despégala de la encimera y dale vuelta. Para que quede redonda, estírala con el rodillo en línea recta frente a ti; haz girar la masa 90 grados para volverla a estirar.

4 Calienta un sartén antiadherente a fuego medio (lo mejor es utilizar las de hierro fundido). Una vez caliente el sartén, agrega el pan roti y cocínalo de 1 a 2 minutos hasta que los bordes de la masa se alejen del sartén y se formen burbujas pequeñas. Dale vuelta al pan y cocínalo por el otro lado. Lo que estás tratando de conseguir es que aparezcan burbujas de color café por toda la masa. Eso sí, no dejes que se ennegrezca demasiado ya que quedaría demasiado crujiente para utilizarlo como panecillos. Repite el procedimiento.

5 Mantén el pan roti debajo de una toalla en la encimera o en el horno caliente hasta que lo vayas a servir.

LA HARINA INTEGRAL DE TRIGO DURO o trigo candeal, a veces llamada harina roti o chapati, se consigue en las tiendas de alimentos indias. También puedes utilizar harina integral de trigo regular, pero si quieres preparar esta receta a menudo, considera ¡hacer un viajecito especial para la harina roti!

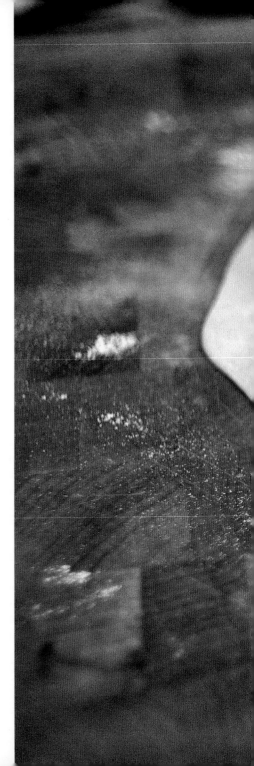

$0.07 / TORTILLA
$1.70 TOTAL

Tortillas de harina

Las tortillas caseras dan un poco de trabajo, pero valen totalmente la pena. Con práctica, las harás más rápido y disfrutarás tanto el proceso como el resultado. RINDE 24 TORTILLAS PEQUEÑAS

1¼ taza de harina de uso general, y más para darle forma a la masa

1¼ taza de harina de trigo entero

2½ cucharaditas de polvo para hornear

1 cucharadita de sal

⅓ taza de mantequilla clarificada o manteca de cerdo, a temperatura ambiente (ver recuadro)

1 taza de agua caliente

LA MANTECA DE CERDO es más tradicional, pero yo prefiero la mantequilla clarificada sin sólidos de leche. Hasta la mantequilla regular funcionaría bien. También podrías comprar ghee (mantequilla clarificada india) en una tienda de alimentos india y utilizarla.

---

1 Utiliza un batidor de alambre para mezclar las harinas, el polvo para hornear y la sal en un tazón grande. Agrega la mantequilla clarificada. Con los dedos, incorpora la mantequilla en la harina hasta que la mezcla tenga el aspecto de migajas húmedas. Agrega el agua caliente—no hirviendo, solo caliente—y forma la masa con las manos. Déjala en el tazón durante 1 hora, cubierta con envoltorio plástico o con una toalla húmeda.

2 Forma 24 bolitas con la masa y, a continuación, vuélvelas a tapar.

3 Espolvorea la encimera (mostrador) con un poco de harina. Con cuidado, aplasta la bolita de masa en la palma de la mano y, a continuación, estírala con un rodillo. Dale vuelta para asegurarte de que no se pegue a la encimera; agrega más harina si se pega. Una vez obtengas un disco fino de 5 a 6 pulgadas, resérvalo debajo de una toalla húmeda.

4 Una vez hayas estirado 1 o 2 tortillas, calienta a fuego medio-alto un sartén antiadherente o de hierro fundido. Deja que quede bien calientita. Coloca una tortilla en el sartén. Una vez empiece a secarse por los bordes, dale vuelta con una espátula y, a continuación, aplástala suavemente para que adquiera algo de color por debajo.

5 Una vez tenga manchas marrones por ambos lados la tortilla, retírala del sartén y prosigue con la siguiente. ¡Trabaja rápidamente! Estira otras en lo que se va calentando cada tortilla. Esta parte te quedará cada vez mejor con la práctica.

6 Si vas a servir las tortillas pronto, colócalas en el horno caliente para que no pierdan su flexibilidad. Si son para más tarde ese mismo día, apílalas debajo de un paño mientras terminas de prepararlas. Cuando termines, envuélvelas en papel aluminio y ponlas en el refrigerador. Caliéntalas en el horno antes de servirlas.

Masa para pizza

Hay dos formas de preparar la masa para pizza: la rápida y la lenta. Dan el mismo trabajo, solo que tienen diferentes tiempos de espera. El método lento es conveniente entresemana con un poco de preparación—hazla la noche antes del día en que piensas cocinar la pizza, métela en el refrigerador y luego sácala unas cuantas horas antes de la cena para dejarla crecer. Si eres lo suficientemente organizada para preparar la masa lenta, recomiendo que te tomes ese tiempo extra: Sabe mejor y es más suave y fácil de estirar.

RINDE 4 PIZZAS INDIVIDUALES

3 tazas de harina de uso general o de harina panificable o panadera, y más para formar la masa

1½ cucharadita de sal

½ a 1 cucharadita de levadura instantánea

1 cucharada de aceite de oliva, y más para recubrir el tazón

1¼ taza de agua, a temperatura ambiente

Método rápido

1 Pon la harina, la sal y 1 cucharadita de levadura en un tazón grande. Incorpora el aceite con las manos, desmoronando la masa hasta que tenga una textura un poco arenosa y, a continuación, agrega el agua. Sigue amasando hasta obtener una consistencia homogénea.

2 Espolvorea la encimera (mostrador) con un poco de harina. Estira la masa y dobla la masa para amasarla mientras haces presión contra la encimera varias veces. Amásala hasta obtener una consistencia homogénea y elástica, lo que tomará de 5 a 7 minutos. La masa tendrá una consistencia homogénea bastante húmeda.

3 Agrega una pequeña cantidad de aceite al tazón. Coloca en un tazón la bola de masa que preparaste y cúbrela con envoltorio plástico. Déjala crecer de 1½ a 3 horas. Ya terminó de crecer cuando haya duplicado su tamaño. Encontrarás instrucciones de cómo estirar la masa en la página 120.

Método lento

1 Sigue los Pasos 1 y 2 del método rápido, pero solo agrega ½ cucharadita de levadura a la mezcla de harina. Utiliza agua bien fría en vez de agua a temperatura ambiente.

2 Agrega una pequeña cantidad de aceite al tazón. Coloca en el tazón la bola de masa que preparaste y cúbrela con envoltorio plástico. Déjala en el refrigerador hasta el día siguiente. La masa tendrá un mejor sabor si dejas que la levadura haga lo suyo hasta el otro día; también quedará más elástica y más fácil de manipular.

3 Al día siguiente, de 2 a 3 horas antes de hornear las pizzas, retira la masa del refrigerador y deja que se ponga a temperatura ambiente. ¡Ahora es el momento de preparar la pizza! Ver la página 120 para ver cómo estirar la masa.

$0.20 / CORTEZA
$0.80 TOTAL

método
CRUTONES O MIGAJAS DE PAN

A mí me persiguen constantemente las cortezas de pan que se han puesto duras después de varios días porque fui negligente. Por suerte, existen muchas soluciones deliciosas que te evitan que las tires a la basura. Los crutones o cuscurrones y las migajas de pan se conservan todo un siglo si los pones en un recipiente hermético en la encimera, y teniéndolos cerca verás que los utilizarás en muchos platos—y quizás serán la excusa para preparar ensaladas. Puedes utilizar cualquier cantidad de pan.

pan
mantequilla o aceite vegetal, según hagan falta
sal y pimienta, al gusto

1 Prepara el pan. Para preparar los crutones, corta el pan en cubos. Para preparar migajas, corta el pan en trocitos bien picaditos utilizando un cuchillo, desmorónalos o echa pedacitos de pan en el procesador de alimentos. Si el pan está demasiado duro para cortarlo, envuélvelo en una toalla de cocina, rocía la toalla con un poco de agua y cocina el pan en el microondas de 20 a 30 segundos. Este procedimiento hará que esté lo suficientemente húmedo para que lo puedas cortar con facilidad.

2 Calienta un sartén grande a fuego medio en la estufa. Agrega suficiente mantequilla—por lo general por lo menos una cucharada—para recubrir el fondo del sartén. **Derrite la mantequilla.**

3 Agrega el pan en tandas y revuélvelo con cuidado para recubrirlo con la mantequilla. Deja reposar el pan durante 2 minutos y, a continuación, dales vuelta a los pedazos. Hasta que se dore todo, continúa revolviendo el pan y dándole vuelta, dejándolo reposar durante 1 minuto aproximadamente antes de volver a revolverlo. Agrega más mantequilla según haga falta. Puede ser que los cubitos de pan se pongan algo secos, pero con un poco de grasa adicional los podrás dorar de forma pareja. Condiméntalos con sal y pimienta. Es básicamente imposible, a no ser que seas muy paciente (lo que no es mi caso), hacer que los cubitos se doren por todos lados, así que solo haz que tengan un aspecto bonito y tostado en general y, a continuación, retíralos del fuego. Prueba uno y agrega más sal y pimienta, en caso de hacer falta.

4 Utiliza las migajas y los crutones de pan de inmediato o almacénalos en un recipiente sellado después de dejarlos enfriar.

EN CUANTO A LAS MIGAJAS, de así desearlo, las puedes preparar sin aceite: simplemente tuesta las rebanadas de pan enteras y, a continuación, tritúralas o procésalas hasta obtener pedacitos.

Pasta fresca

Cuando Jeanne, una lectora, me pidió un buen plato de pasta, decidí mostrarle la manera de prepararlo desde el principio. Claro, la preparación de la pasta a mano requiere esfuerzo y un buen rodillo, pero te sorprenderás de lo simple, barato y sabroso que es. Ya que la pasta fresca es tan maravillosa, no tiene que ser complicada la salsa que le pongas. Pruébala con la Salsa de Tomate Insuperable (página 127) o con el Ragú de Frijoles Blancos y Chorizo (página 128) y con un poco de queso. PARA 1 PERSONA CON MUCHA HAMBRE

MULTIPLICA ESTA RECETA por el número de personas que vayas a servir. Las cantidades indicadas son útiles como proporción, aunque sean para porciones grandes.

¾ taza de harina de uso general o panificable (panadera), y más para darle forma a la masa

1 huevo

aceite de oliva o vegetal

sal

1 Pon la harina en un tazón. Forma un cráter en el centro de la harina y rompe un huevo dentro. Mézclalo con las manos. Al huevo le toma tiempo soltar toda su humedad, así que no te dejes llevar por el pánico si la harina está seca al principio. Agrega un cucharadita de agua si la masa sigue viéndose seca en exceso después de mezclarla durante un minuto. Sigue mezclándola hasta que obtengas una masa dura que esté bastante seca. Lo seco hace que sea más fácil estirarla y que los fideos no se peguen cuando los cocinas.

2 Agrega un poco de aceite al tazón. Coloca la masa en el tazón, tápala con una toalla húmeda o con envoltorio plástico y déjala reposar de 1 a 2 horas.

3 Después de que transcurra una hora (o más), notarás un cambio marcado. El huevo habrá soltado su humedad y se habrá formado una masa suave y flexible de color amarillo pálido. Vuélvela a amasar para obtener una bola de consistencia homogénea.

4 Rompe o corta la masa en pedazos fáciles de manipular—por lo general según el número de personas que vayas a alimentar. Enharina la encimera (mostrador) con bastante harina; utiliza un rodillo para hacer que la masa quede tan fina como puedas. Estirarla con el rodillo tomará tiempo porque la masa estará dura y elástica. Trata de que quede lo suficientemente fina para poder ver a través de ella. Entre más fina quede la masa, más rápido será cocinarla, pero no la hagas tan fina porque se rompe.

5 Ya, al momento de estirarla, debe de estar suficientemente seca para que no se pegue. Si todavía está húmeda, déjala reposar unos cuantos minutos más.

6 Hierve una olla con agua bien salada.

7 Corta la masa del tamaño que quieras los fideos. Si la doblas sobre si misma varias veces, se te hará fácil preparar fideos de un tamaño consistente. Pon un poco de harina en una charola (bandeja) y menea los fideos en ella para evitar que se peguen.

8 Agrega la pasta cuando hierva la olla con agua. La pasta fresca se puede cocinar en tan solo 30 segundos, si se trata de fideos finos. Ya está cuando cambia de color y empieza a flotar. Prueba uno después de que empiecen a flotar para ver si ya están.

9 Escúrrelos y sírvelos de inmediato. La pasta cruda se conservará por un máximo de 2 días en el refrigerador si la guardas envuelta en plástico o si la esparces en una charola (bandeja) para hornear y la tapas. Ponle suficiente harina para que no se pegue.

Queso ricotta

Transforma la leche regular en algo verdaderamente especial al preparar tu propio queso ricotta. Es una receta genial para prepararla con los niños porque es sencilla y, sin embargo, la transformación de la leche es drástica. Utiliza este queso en lasañas o en cualquier plato en el que suelas utilizar queso ricotta, pero asegúrate de saborear un poco sin nada para que aprecies plenamente lo delicioso que es. Me encanta en pan tostado (¡sorpresa!) con un poco de pesto o de hierbas culinarias picadas por encima que equilibren el fuerte sabor del queso. Guarda el suero de leche para utilizarlo en sopa en vez de caldo. RINDE 1½ TAZA

½ galón de leche entera

1 taza de crema espesa

1 cucharadita de sal

3 cucharadas de vinagre blanco destilado o de jugo de limón amarillo

AGREGADOS

hierbas frescas

hierbas secas

cualquier combinación de especias (página 149)

1 Coloca la leche con la crema y la sal en una olla de fondo grueso de tamaño grande y hiérvela. En cuanto suba a la superficie la primera burbuja, agrega el vinagre, revuélvelo y apaga el fuego. El vinagre creará cierta perturbación y el suero y la crema comenzarán a separarse.

2 Mientras tanto, forra un colador con una estopilla (paño de queso) o con dos capas de toallas de papel y coloca el colador sobre un tazón grande.

3 Deja la mezcla en la olla durante 5 minutos y, a continuación, revuélvela para terminar de separar el queso y el suero. La mezcla debe quedar separada en dos partes distintas. Si parte de ella todavía tiene un aspecto a leche, agrégale otra cucharada de vinagre, revuélvela y déjala reposar unos cuantos minutos más.

4 Pon esta mezcla de queso ricotta en el colador que forraste con estopilla, con el tazón debajo para que caiga en él el suero. Deja reposar el queso durante 30 minutos para escurrirlo.

5 La estopilla quedará repleta de queso blanco que se desmorona. ¡Ese es el queso ricotta! Pruébalo y agrega más sal en caso de hacer falta, o hierbas culinarias o especias.

6 Consúmelo de inmediato o guárdalo en un recipiente hermético dentro del refrigerador. El queso ricotta se conservará durante unos 3 días.

ideas
ARROZ ARCOÍRIS

Estas son tres rápidas formas de hacer que el arroz sea más interesante. Charles, uno de los primeros lectores, dice que le encanta el arroz con verduras (vegetales), pero esos agregados sirven para otros tipos de granos también, y no solo para el arroz—desde la quinua, la cebada y hasta el cereal, farro.

Arroz simple

PARA 2

2 tazas de agua

1 taza de arroz

2 pizcas de sal

Para preparar el arroz simple, vierte el agua en una olla y agrega el arroz sin cocer y la sal. Esas cantidades serán suficientes para servir dos generosas porciones, o tres o cuatro porciones más pequeñas. Sin tapar la olla, haz que hierva el arroz a fuego medio. Reduce el fuego a bajo y pon la tapa medio sesgada de modo que pueda escapar el vapor. Cocina el arroz durante unos 20 minutos o hasta que se desaparezca el agua y quede suelto el arroz.

❶ Arroz verde
$1 PORCIÓN / $2 TOTAL

1 taza de espinacas, hojas de betabeles (remolachas), acelgas o perejil fresco congelados

Pica la espinaca como quieras. Entre más finos queden los trocitos, más dispersos quedarán en el arroz. Cocina el arroz según las instrucciones para preparar arroz simple, pero después de cocinarlo durante 15 minutos, incorpora la espinaca al arroz. Cocínalo destapado durante los últimos 5 minutos. Agregar la espinaca al final permite que quede suntuosa y brillante, en vez de tristona y demasiado cocida.

❷ Arroz anaranjado
$1 PORCIÓN / $2 TOTAL

1 lata de puré de calabaza de invierno, calabaza regular o de camotes (batatas)

Revuelve la calabaza con 1½ taza de agua en un tazón; viértela en una olla junto con el arroz y la sal. (También puedes utilizar calabaza congelada, hervida o sofreída. Sigue las instrucciones del arroz simple.

❸ Arroz rojo
$1 PORCIÓN / $2 TOTAL

1 lata de tomates enlatados, hechos puré

Revuelve los tomates con 1½ taza de agua; viértelos en una olla junto con el arroz y la sal. Sigue las instrucciones del arroz simple.

método
LA MANERA DE COCINAR FRIJOLES SECOS

Este método sirve para cocinar todo tipo de frijoles (habichuelas, porotos, caraotas, judías, alubias) en la cantidad que sea. Prepara una tanda grande un domingo y utilízalos en las comidas de toda la semana. Lo único que debes tener en mente es que entre más maduros y grandes sean, más tiempo tomará cocinarlos. Algunos toman hasta 4 horas. Si comes muchos frijoles, considera invertir en una olla de presión ya que reduciría el tiempo en que se hierven.

AGREGADOS

hoja de laurel

bouquet guarní (ramillete) de las hierbas culinarias fuertes que más te gusten

hierbas culinarias secas y especias

cebolla

ajo

chiles

jengibre, en rebanadas

1 La mejor manera de preparar los frijoles secos es **remojándolos en agua toda la noche.** Al día siguiente, enjuágalos y escúrrelos por completo antes de cocinarlos en agua nueva. Si no tienes la oportunidad de remojar los frijoles con anticipación, hay formas de compensar: Cubre los frijoles con agua y, a continuación, hiérvelos en una olla grande. Después de 10 minutos, retíralos del fuego y escúrrelos.

2 Coloca los frijoles ya escurridos en una olla grande y cúbrelos con agua nueva. Incluye los agregados que desees.

3 Hiérvelos a fuego medio y, a continuación, reduce el fuego para que los frijoles se cocinen en un hervor suave. Pon la tapa a la olla, pero déjala medio sesgada para que no se desborde el agua al hervir.

4 Verifica los frijoles cada media hora aproximadamente, asegurándote de que sigan estando cubiertos de agua si se evapora.

5 El tiempo que toma suavizar los frijoles varía enormemente. Entre más maduros y grandes sean, más tiempo toma cocinarlos. Los muy maduros y grandes pueden tomar hasta 4 horas. Si estás preparando frijoles refritos o frijoles para sopas o guisados, no te preocupes si se cocinan demasiado—están bien aunque queden aguados. Si quieres que mantengan su forma y su integridad, sin embargo, estate bien pendiente de ellos después de un par de horas, cuando ya casi estén.

6 Cuando ya estén suaves los frijoles, los puedes escurrir o dejarlos en el agua de la cocción, dependiendo de la forma en que los vayas a utilizar. Retira los agregados y deshazte de ellos, de ser necesario, y agrega sal al gusto— ¡les va a hacer falta bastante!

método
VERDURAS ENCURTIDAS

No se puede negar que las verduras encurtidas más populares en los Estados Unidos son los pepinos. Pero las zanahorias, los betabeles (remolachas), los espárragos, las cebollas y la coliflor encurtidos son igual de deliciosos. Las verduras encurtidas no son tan solo increíblemente deliciosas— también son una manera estupenda de conservar las verduras en caso de que no quieras desperdiciar una cosecha abundante inesperada. ¿Que una amiga te dejó cinco libras de calabacitas (zucchini) en la puerta de entrada? ¡A conservar en vinagre! También puede ser una buena idea regalar frascos de verduras encurtidas durante la época festiva. ¡A mí me las piden todos los años!

La manera de encurtir alimentos que te estoy describiendo no es la manera adecuada para conservarlos o enlatarlos durante largo tiempo. Ese es un proceso que vale la pena aprender, pero requiere equipo especializado. El que te enseño aquí es el método rápido de preparar sabrosos y deliciosos alimentos encurtidos que dejan atrás a los de las tiendas.

LO IMPRESCINDIBLE

verduras (pepinos, calabacitas
[zucchini], coliflor, zanahorias,
betabeles [remolachas], espárragos,
cebollas, pimientos o ejotes
[habichuelas verdes, chauchas])

frascos de conserva de 1 cuartillo
(ver recuadro)

AGREGADOS PARA EL FRASCO

ramitos de eneldo

dientes de ajo, en cuatro pedazos

SALMUERA

1 taza de vinagre blanco destilado

1 taza de agua

1 cucharada de sal

1 cucharadita de semillas de mostaza

1 cucharadita de semillas de eneldo

1 hoja de laurel

AGREGADOS PARA LA SALMUERA

1 o 2 chiles secos, triturados

palito de canela

2 clavos de olor enteros

½ cucharadita de semillas de cilantro
o coriandro

½ cucharadita de granos de pimienta
gorda (de Jamaica, inglesa, *allspice*)

½ cucharadita de semillas de hinojo

½ cucharadita de semillas de apio

1 cucharada de azúcar

**1 Corta las verduras de la manera
que quieras.** Los pedazos pequeños
quedarán encurtidos más rápido
ya que le toma menos tiempo a la
salmuera penetrarlos. Por lo general
yo uso pedazos del tamaño de

MULTIPLICA ESTA RECETA
por el número de cuartillos de
salmuera que desees obtener.
Las cantidades que aparecen a
continuación son proporciones—
rinden aproximadamente
suficiente salmuera para llenar
un frasco de conserva de
1 cuartillo (dependiendo de
lo repleta y compacta que esté con
las verduras). Puedes ajustar la
proporción de acuerdo a la cantidad
de verduras que tengas y al número
de frascos que quieras llenar. Si
tienes espacio en el refrigerador,
te sugiero preparar por lo menos
6 cuartillos de un solo. Es más
eficiente preparar tandas grandes y,
créeme, van a tener gran acogida.

---

un bocado, o tiras largas si voy a
preparar pepinillos. También puedes
agregar otras verduras y hierbas
culinarias para darle sabor.

2 Llena los frascos con las verduras.

3 Prepara la salmuera: Vierte el
vinagre, el agua y la sal en una olla.
Incluye cualquier otro agregado. Si
no mantienes un surtido de especias,
puedes comprar una mezcla para
encurtidos en la sección de especias
de la mayoría de las tiendas de
alimentos. En vez de las semillas y de
la hoja de laurel, agrega 1 cucharada
de la mezcla para encurtidos a la
preparación de agua, vinagre y sal.

Y para preparar pepinillos dulces,
agrega 1 cucharada de azúcar.

4 Hierve la salmuera y reduce el
fuego a bajo. **Mantén un hervor
suave durante 10 minutos.**

**5 Vierte el líquido caliente sobre
las verduras de los frascos.** No te
preocupes si no tienes suficiente.
Solo tienes que preparar más
utilizando las proporciones de la
lista de ingredientes para preparar
salmuera. Si se te acabaron las
especias, no las utilices.

**6 Coloca las tapas sobre los
frascos.** No las enrosques muy
fuerte sino hasta después de que
estén a temperatura ambiente. Una
vez se hayan terminado de enfriar,
enrosca bien las tapas y pon los
frascos en el refrigerador.

**7 Deja que la salmuera encurta
las verduras durante 2 semanas.**
Después de 2 semanas, ¡a comer!

LO IDEAL SERÍA que utilices
frascos de vidrio que tengan tapas
de rosca con cierre hermético.
Por lo general, podrás conseguir
frascos de conserva en las
ferreterías o en muchas tiendas
de alimentos, pero si no te queda
otra, puedes utilizar frascos de
vidrio de otros tipos o cualquier
frasco de pepinillos.

método
AGUA FRESCA

Refrescantes, hidratantes y preciosas, estas bebidas resultan geniales en fiestas, y te sirven para utilizar las frutas antes de que se dañen. Básate en esta receta para idear las que más te gusten.

2 tazas de fruta picada

4 tazas de agua

AGREGADOS

1 cucharadita de extracto de vainilla

chorrito de jugo cítrico

azúcar

hojas de menta

hojas de otros tipos de hierbas culinarias

VARIACIONES

mora azul (*blueberry*) y limón amarillo

pepino y limón amarillo

mango y limón verde (lima)

melón

naranja

papaya (lechosa, fruta bomba) y piña (ananá)

durazno (melocotón) y vainilla

fresa (frutilla) y menta

1 Para que quede con un sabor suave el agua fresca, mezcla solamente la fruta y el agua. ¡Listo! Si deseas más sabor a fruta, utiliza menos agua; para que tenga un sabor más sutil, utiliza más agua.

2 Sirve el agua fresca con hielo. ¡Prueba cualquier fruta que te guste! En el refrigerador, esta bebida se conservará bien durante unos 3 días y hasta un máximo de una semana.

POR LO GENERAL UTILIZO LA LICUADORA PARA PREPARAR MIS AGUAS FRESCAS. Si quieres clara la bebida, cuélala después de licuarla para eliminar la pulpa extra de la fruta. Lo más probable es que quieras colar la bebida si vas a utilizar moras azules o naranjas o cualquier otra fruta que tenga cáscara. Con ciertas frutas, tendrás la opción de dejar o no la pulpa.

ideas
LICUADOS

Aquí te tengo cuatro tipos de licuados pero, por supuesto, que una vez le cojas el truco, habrá muchas más combinaciones de sabores que preparar. La fruta congelada es perfecta para los licuados (*smoothies*). O, utiliza la fruta demasiado madura que no te comerías de otra forma. Agrega una cucharadita de extracto de vainilla a cualquiera de estos licuados y darán la impresión de ser increíblemente profesionales. Las bebidas de melón congelado, en particular, con su consistencia parecida a la de los raspados (granizados), son una refrescante delicia en esos cálidos días de verano. Dos—de sandía y de melón verde (*honeydew*)—se ven en la foto de la derecha. (El lassi de mango no aparece en la foto. **PARA 2**

❶ Bebida de yogur
$0.50 PORCIÓN / $1 TOTAL

1/2 taza de yogur,
   que no sea griego
1/2 taza de jugo de fruta

Si te gustan las bebidas de yogur de la tienda de alimentos, trata de preparar estas en casa ¡por menos! Ni siquiera tienes que licuarlas—solo agrega el yogur y el jugo al frasco y, a continuación, agita el frasco.

❷ Licuado de bayas
$1 PORCIÓN / $2 TOTAL

1/2 taza de yogur,
   que no sea griego
1 taza de bayas (moras)
   congeladas
leche o jugo para que
   no quede tan espeso,
   según haga falta
1 cucharadita de extracto
   de vainilla

Licúa el yogur, las bayas, un poco de leche y la vainilla hasta obtener una consistencia homogénea y, a continuación, modifica la bebida al gusto con más bayas o leche.

❸ Licuado de melón
$0.50 PORCIÓN / $1 TOTAL

1 taza de melón congelado
   picado
1/2 taza de agua o jugo
1 cucharadita de extracto
   de vainilla

Cuando compres melones, corta en cubos el que no te comas y pon los cubos en el congelador. Mide una taza cada vez que lo uses y licúalo con un poco de agua o jugo y con vainilla para que quede menos espeso. Es como un raspado, ¡pero mejor!

❹ Lassi de mango
$1 PORCIÓN / $2 TOTAL

1 mango, pelado, sin hueso
   y cortados en cubos
1 taza de yogur, que no sea
   griego
leche para que quede
   menos espeso, según
   haga falta

Licúa juntos el mango y el yogur. Si queda demasiado espeso para beberlo con un popote (pajilla, sorbeto), agrega algo de leche para que no quede tan espeso. A menudo lo único que necesitarás será un jugoso mango maduro combinado con yogur. Advertencia: Si preparas este licuado para dárselo a los niños, te lo pedirán una y otra vez.

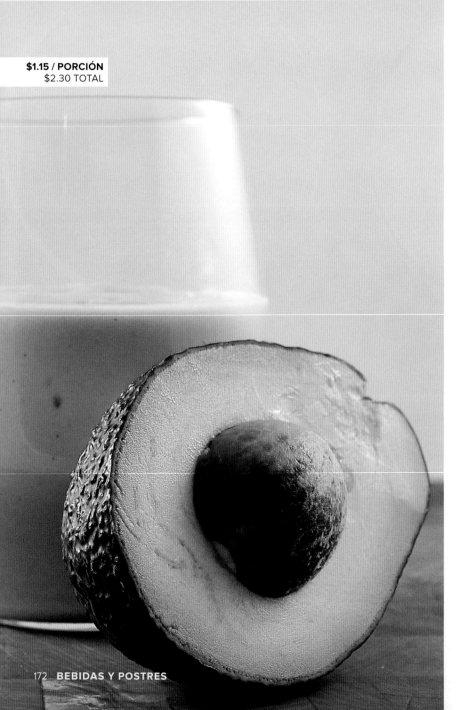

Batido de aguacate

John, el lector que me dio a conocer la sedosa magia de los batidos, vive en California, lugar en el que los aguacates (paltas) suelen costar menos de un dólar. Si consigues una ganga como esa, ¡improvisa una tanda de estas bebidas! PARA 2

---

1 aguacate (palta), pelado y sin hueso

2 tazas de leche, bebida de leche de coco, leche de almendra o de leche de arroz

1 cucharadita de extracto de vainilla

1 cucharada de jugo de limón verde (lima)

pizca de sal

2 cucharadas de azúcar

Mezcla el aguacate, la leche, la vainilla, el jugo de limón, la sal y el azúcar en la licuadora, y ¡a licuar! Deja que siga por un rato para que el aguacate se deshaga y se licúe con la leche. Una vez adquiera el color de la rana Kermit, ya está. Pruébalo y agrega más azúcar o más jugo de limón según haga falta.

> **SI EL AGUACATE NO ESTÁ TAN MADURO,** harás resaltar su sabor con un poco más de jugo de limón verde.

Nieve de melón rápida

Cuando veas sandías, melones verdes y melones cantalupos bonitos rebajados de precio, cómpralos. Come la mitad y, a continuación, corta en cubos y congela la otra mitad. Cuando quieras un rápido postre o licuado, saca la bolsa de sandías o melones y prepara esta receta. PARA 4

2 tazas de melón congelado picado
½ taza de yogur sin sabor
¼ taza de azúcar
1 cucharadita de extracto de vainilla o de jugo de limón verde (lima) (opcional)

Agrega el melón o la sandía, el yogur, el azúcar y la vainilla, si la vas a usar) al procesador de alimentos o a la licuadora. Procésalos o licúalos hasta obtener una consistencia homogénea. No los licúes de más o te quedará demasiado suave la nieve. Sírvelo de inmediato o guárdala en el congelador para disfrutarla en otra ocasión.

ideas
ARROZ CON LECHE

El arroz con leche es tan sencillo de preparar—es casi tan fácil como cocinar arroz sencillo. Es un maravilloso postre para preparar con anticipación si vas a tener invitados, y lo puedes mejorar con bayas (moras), nueces o con Plátanos Caramelizados (página 177). He incluido unas cuantas variaciones, pero experimenta, por favor: La leche, el arroz y el azúcar son un lienzo en blanco genial. Haz la prueba de cambiar el azúcar por miel o de incorporar una cucharada de cacao en polvo, de mantequilla de maní (cacahuate) o de hojuelas de coco. **PARA 4**

Arroz con leche básico

PARA 4

½ taza de arroz de grano largo

2 tazas de leche

½ taza de azúcar

⅛ cucharadita de sal

2 cucharaditas de extracto de vainilla o ½ vaina de vainilla, sin las semillas

1 Calienta una olla a fuego medio y agrega el arroz, la leche, el azúcar y la sal. Revuelve hasta que se disuelva el azúcar y, a continuación, hierve la mezcla. Una vez hierva la leche, reduce el fuego a bajo y mantén un hervor suave durante 20 minutos. Pon la tapa medio sesgada de modo que pueda escapar el vapor.

2 Retira un grano de arroz y pruébalo para ver si ya está. Si está suave y se deja masticar por completo, entonces ya está. Si no, cocina el arroz unos cuantos minutos más. Una vez esté el arroz, agrega la vainilla y revuelve.

3 Retira el arroz del fuego y déjalo enfriar a temperatura ambiente. Déjalo en el refrigerador durante 2 horas antes de servir para que esté bien frío. Lo puedes comer caliente también, pero si esperas, se pondrá espeso en el refrigerador y su textura será más placentera.

❶ Estilo indio
$0.65 PORCIÓN / $2.60 TOTAL

½ taza de arroz basmati

2 tazas de leche

½ taza de azúcar

⅛ cucharadita de sal

1 cucharadita de cardamomo

¼ taza de almendras o pistachos picados

Sigue las instrucciones para preparar el arroz con leche, pero utiliza arroz basmati y agrega el cardamomo en vez de la vainilla en el Paso 2. Espolvoréalo con las nueces picadas.

❷ Pay de calabaza
$0.60 PORCIÓN / $2.40 TOTAL

½ taza de arroz de grano largo

¾ taza de puré de calabaza fresco o enlatado

2 tazas de leche

½ taza de azúcar morena

⅛ cucharadita de sal

1 cucharadita de canela molida

½ cucharadita de clavos de olor molidos

½ cucharadita de jengibre molido

Sigue las instrucciones para preparar el arroz con leche básico, pero utiliza azúcar morena y agrega la calabaza, la canela, los clavos de olor y el jengibre, todos ya revueltos juntos antes de agregarlos a la olla. Mantén un hervor suave durante 25 minutos (en vez de 20), revolviendo constantemente.

Arroz integral con leche de coco y limón

De sabor fuerte, rico, cremoso y ligeramente chicloso, este postre puede ser una alternativa más sana que el arroz con leche de la página 175, y definitivamente es comparable en lo sabroso. PARA 2

½ taza de arroz integral de grano corto

2 tazas de agua

⅛ cucharadita de sal

1 lata (13.5 onzas) de leche de coco entera

½ taza de azúcar

cáscara rallada de un limón verde (lima) o de 1 naranja

4 rebanadas de jengibre, agregadas junto con la leche de coco y luego retiradas antes de servir (opcional)

1 Calienta una olla a fuego medio. Agrega el arroz con el agua y la sal. Hiérvelo, reduce el fuego a bajo y cocínalo durante 35 minutos. Pon la tapa medio sesgada de modo que pueda escapar el vapor.

2 Vierte el arroz en un colador para escurrirlo. Debe estar casi cocido, pero no totalmente.

3 Calienta a fuego medio la leche de coco y el azúcar en la olla que ahora ya está vacía. Revuelve el arroz y deja que se cocine hasta que se disuelva el azúcar.

4 Pon el arroz integral de vuelta en la olla y hiérvelo a fuego medio. Reduce el fuego a bajo y mantén un hervor suave con la olla tapada durante 15 minutos más. Prueba el arroz para asegurarte de que se haya suavizado—en caso contrario, mantén un hervor suave durante unos cuantos minutos más. Agrega la cáscara rallada de limón o de naranja y revuélvela.

5 Retira el arroz del fuego y déjalo enfriar a temperatura ambiente. Te lo puedes comer caliente también, pero si lo enfrías durante 2 horas antes de servir, se pondrá espeso y tendrá una textura más placentera.

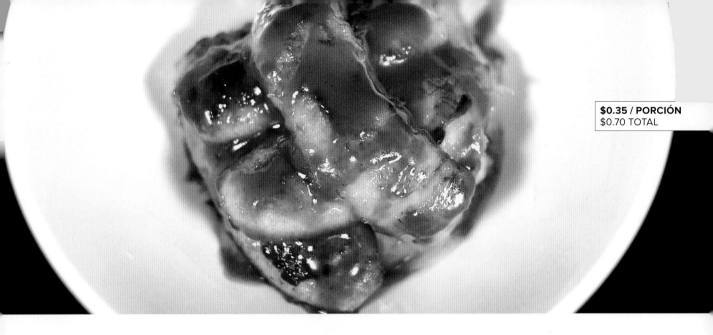

Plátanos caramelizados

Estos plátanos–cocidos con solo un poco de caramelo—quedan crujientes y pegajosos por fuera y casi como una natilla suave por dentro. Dulces e irresistiblemente ¡te chuparás los dedos! PARA 2

1 cucharada de mantequilla

2 cucharadas de azúcar morena

2 plátanos (bananas), pelados y abiertos por la mitad a lo largo

1 Derrite la mantequilla a fuego medio-alto en un sartén de hierro fundido o antiadherente. Agrega el azúcar y déjala derretir en la mantequilla durante unos 2 minutos. Revuélvela una vez para obtener una consistencia homogénea.

2 Coloca los plátanos boca abajo dentro de la mezcla de mantequilla y azúcar y, a continuación, cocínalos unos 2 minutos hasta que se doren y se pongan pegajosos. Dales vuelta con cuidado y cocínalos de la misma manera por el otro lado.

3 Sírvelos tal cual o córtalos en cuatro pedazos. Rocía sobre los plátanos el caramelo que quede en el sartén. Sírvelos con helado o solos.

Galletas de chispas de chocolate y coco

Estas galletas son lo suficientemente chiclosas, crujientes y pegajosas para ser el antojito especial perfecto. RINDE APROXIMADAMENTE 40 GALLETAS

⅔ taza de coco rallado sin endulzar

1 taza (2 barras) de mantequilla sin sal

2 tazas de harina de uso general

1 cucharadita de sal, y más para espolvorear

1 cucharadita de bicarbonato de sodio

1½ taza de azúcar morena oscura bien compacta

2 huevos

2 cucharaditas de extracto de vainilla

1½ taza de chispas (trocitos) de chocolate

1 Precalienta el horno a 350°F.

2 Esparce el coco en una capa fina y pareja en una charola (bandeja) para hornear. Colócalo en el horno y hornéalo de 5 a 8 minutos hasta que se dore un poco, se tueste y quede aromático.

3 Derrite la mantequilla a fuego bajo en una cacerola con fondo pesado. Deja que la mantequilla derretida se enfríe en la charola durante unos cuantos minutos.

4 Mezcla la harina, la sal y el bicarbonato de sodio en un tazón mediano.

5 Bate el azúcar morena y la mantequilla derretida en un tazón grande unos 2 minutos hasta obtener una consistencia homogénea. Agrega los huevos y la vainilla y bátelos unos 5 minutos hasta que el batido adquiera un tono claro. Agrega la mezcla de harina a la de azúcar morena, un tercio a la vez, y revuelve hasta que se forme una masa homogénea de color marrón oscuro. Agrega las chispas de chocolate y el coco tostado y revuélvelos justo hasta que se combinen.

6 Deja la masa en el refrigerador durante 20 minutos. Puedes omitir este paso si tienes prisa, pero dejar reposar la masa en el refrigerador te servirá para que las galletas se horneen de forma más pareja.

7 Unta un poco de harina a una charola (bandeja) para hornear y vierte en ella cucharadas colmadas de masa, dejando grandes espacios entre las galletas de modo que tengan por donde esparcirse. Yo suelo poner unas 6 galletas por bandeja. Justo antes de poner las galletas en el horno, espolvoréalas con la sal.

8 Déjalas hornearse de 8 a 10 minutos hasta que se doren. Después de retirarlas del horno, déjalas en la charola para hornear para que cuajen durante 2 minutos y, a continuación, pásalas a rejillas para enfriar repostería para que se enfríen más. Las galletas estarán bien suaves cuando salgan por primera vez del horno, pero se pondrán duras pronto, así que si las dejas en la charola durante 2 minutos, las vas a poder mover con más facilidad. No apiles las galletas sino hasta que se terminen de enfriar.

9 Repite los Pasos 7 y 8 hasta que se acabe la masa. Ya terminadas, almacena las galletas en un recipiente hermético por un máximo de una semana.

Pastel de durazno

Adaptación del pastel de manzana que suele servirse durante Rosh Hashaná, este pastel es sencillo y un postre maravilloso, con café o té, o como algo dulce de desayuno. Los jugosos duraznos (melocotones) le dan un montón de sabor. Si compras duraznos de temporada, puede ser que el precio sea bastante razonable. PARA 12

1 taza (2 barras) de mantequilla sin sal, a temperatura ambiente

6 duraznos (melocotones), sin hueso y cortados en 8 rebanadas cada uno

jugo de ½ limón amarillo

1 cucharadita de canela en polvo

2 tazas de harina de uso general

2 cucharaditas de polvo para hornear

1⅓ taza más 1 cucharada de azúcar morena bien compacta

⅛ cucharadita de sal

1 cucharadita de extracto de vainilla

2 huevos grandes

ESTE PASTEL es una base excelente para toda clase de fruta, desde otras frutas con hueso como las ciruelas, hasta las manzanas y las bayas (moras). Cualquier fruta funcionará, a excepción de las cítricas y de los melones. Haz la prueba con frutas congeladas si la que quieres no está de temporada.

---

1 Precalienta el horno a 350°F.

2 Utiliza el envoltorio de papel de la mantequilla para engrasar un poco un molde para hornear de vidrio de 8x10 pulgadas o un molde con aro desmontable de 9 pulgadas. No importa la forma, siempre y cuando sea lo suficientemente grande. Este pastel duplica su tamaño al hornearse.

3 Mezcla las rebanadas de durazno con el jugo de limón y con la canela en un tazón grande utilizando las manos y asegurándote de que queden bien recubiertas con la canela.

4 Mezcla la harina con el polvo para hornear en un tazón mediano y deshazte de los grumos.

5 Bate la mantequilla, 1⅓ taza de azúcar morena y la sal en otro tazón grande, ya sea con una cuchara de madera o con una batidora eléctrica. Detente cuando la mezcla esté esponjosa y haya aclarado un poco su color, lo que tomará unos 5 minutos. Agrega la vainilla y, a continuación, los huevos uno por uno, mezclando bien el primero antes de agregar el otro.

6 Agrega la mezcla de harina a la de mantequilla, incorporándola suavemente hasta obtener una consistencia homogénea. (Si usaste la batidora eléctrica, cambia a la cuchara de madera). El batido quedará bastante espeso.

7 Esparce la mitad del batido en el molde que engrasaste. Distribuye sobre el batido y de forma pareja 24 de las rebanadas de durazno. (Debe haber 48 en total). Esparce la otra mitad del batido sobre los duraznos y, a continuación, cúbrela con el resto de los duraznos. Espolvorea el pastel con la cucharada restante de azúcar morena y colócalo en el horno.

8 Hornéalo aproximadamente 1 hora hasta que al insertar un cuchillo en el centro, este salga limpio.

TABLAS DE EQUIVALENCIAS

Favor de notar que todas las equivalencias son aproximadas pero lo bastante precisas para que sean de utilidad en la conversión de un sistema al otro.

TEMPERATURAS DEL HORNO

Fahrenheit	Posiciones del termocontrol	Celsius
250	½	120
275	1	140
300	2	150
325	3	160
350	4	180
375	5	190
400	6	200
425	7	220
450	8	230
475	9	240
500	10	260

NOTA: Reduce la temperatura 20°C (68°F) si se trata de hornos con ventilador (de convección).

EQUIVALENCIAS APROXIMADAS

1 barra de mantequilla = 8 cdas = 4 oz = ½ taza = 115 g

1 taza de harina de uso general previamente tamizada (cernida) = 4.7 oz

1 taza de azúcar granulada = 8 oz = 220 g

1 taza de azúcar morena bien compacta = 6 oz = 220 g a 230 g

1 taza de miel o de jarabe (sirope) = 12 oz

1 taza de queso rallado = 4 oz

1 taza de frijoles secos = 6 oz

1 huevo grande = unas 2 oz o unas 3 cdas

1 yema = aprox 1 cda

1 clara = unas 2 cdas

EQUIVALENCIAS DE LÍQUIDOS

EE. UU.	Imperial	Métrico
2 cdas	1 fl oz	30 ml
3 cdas	1¼ fl oz	45 ml
¼ taza	2 fl oz	60 ml
⅔ taza	2½ fl oz	75 ml
⅓ taza + 1 cda	3 fl oz	90 ml
⅓ taza + 2 cdas	3½ fl oz	100 ml
½ taza	4 fl oz	125 ml
⅔ taza	5 fl oz	150 ml
¾ taza	6 fl oz	175 ml
¾ taza + 2 cdas	7 fl oz	200 ml
1 taza	8 fl oz	250 ml
1 taza + 2 cdas	9 fl oz	275 ml
1¼ taza	10 fl oz	300 ml
1⅓ taza	11 fl oz	325 ml
1½ taza	12 fl oz	350 ml
1⅔ taza	13 fl oz	375 ml
1¾ taza	14 fl oz	400 ml
1¾ taza + 2 cdas	15 fl oz	450 ml
2 tazas (1 pinta)	16 fl oz	500 ml
2½ tazas	20 fl oz (1 pinta)	600 ml
3¾ tazas	1½ pinta	900 ml
4 tazas	1¾ pinta	1 litro

EQUIVALENCIAS DE PESO

EE. UU./UK	Métrico	EE. UU./UK	Métrico
½ oz	15 g	7 oz	200 g
1 oz	30 g	8 oz	250 g
1½ oz	45 g	9 oz	275 g
2 oz	60 g	10 oz	300 g
2½ oz	75 g	11 oz	325 g
3 oz	90 g	12 oz	350 g
3½ oz	100 g	13 oz	375 g
4 oz	125 g	14 oz	400 g
5 oz	150 g	15 oz	450 g
6 oz	175 g	1 lb	500 g

ÍNDICE

ACERCA DEL AUTOR

Leanne Brown vive en la Ciudad de Nueva York con su esposo, Dan Lazin. Se crió en Edmonton, Canadá, donde todavía viven su estupenda familia y muchas de sus personas favoritas. Antes de mudarse a la Ciudad de Nueva York a ella le gustaba andar en bicicleta. Ahora a veces lo hace, pero en otras ocasiones toma el subway o camina. Le gusta correr en el parque hasta quedar bien cansada, comer artículos de repostería en la calle y acostarse tarde. Le encanta lo justo, la ciencia ficción y la fantasía, los alimentos sabrosos y reír. Le ha encantado cocinar y hornear desde que se dio cuenta de que son las cosas nuestras que más se aproximan a la magia.

AGRADECIMIENTOS

Antes que nada, un especial agradecimiento a mi esposo, Dan. Tu apoyo y experiencia fueron cruciales. Pero más que nada te agradezco que nunca me dejaste darme por vencida o rendirme, aun en esos momentos en que más quería hacerlo. Me mejoras como persona y sin ti, *Bueno y Barato* no sería más que la sombra de lo que es.

Les doy las gracias a ustedes, "Mum", "Dad", Emily, Hannah y "Papa", por su amor y apoyo incondicionales. Gracias, mis increíbles amigos, quienes creyeron en esta idea antes que nadie. ¡Su entusiasmo fue contagioso! Sus consejos y apoyo no me dejaron perder la cordura. Gracias en particular a Jhen por meterse de lleno, a Claire por hacerme ver bien y a Sarah y a Matt por hacerme sentir poderosa.

Le doy gracias a mi excepcionalmente paciente y comprensiva editora, Liz, gran defensora y amiga. Y a Selina, John, Suzie, Jenny, Emily, Janet, Gordon, Orlando y Amanda, quienes me han dado y me siguen dando tanto para que este proyecto sea un éxito. No se los puedo agradecer lo suficiente. A todos en Workman: Gracias por probar suerte conmigo. Estoy segura que ningún otro autor nuevo ha tenido el beneficio de tanta devoción por parte de su editorial. Y gracias a todos ustedes que han compartido historias de comida conmigo: las alegres, las dolorosas y las increíbles. Ustedes me recuerdan todos los días la importancia de esta labor. La efusión de amor y de apoyo que he recibido es suficiente para más de una vida, y yo no podría estar más agradecida. A todos los que me han dicho que este libro les ha dado esperanza, los ha inspirado o que de alguna manera les ha ocasionado placer: No merezco tanta gratitud por tan poco, pero dedicarme a una labor que importa es lo único que siempre quise.